Das Buch vom Falten

JANELLE COHEN

Das Buch vom Falten

Mit der
richtigen Technik
Platz schaffen

DUMONT

Dieses Buch wurde klimaneutral produziert.

Die englische Originalausgabe erschien 2022 bei
Rock Point, einem Imprint der Quarto Group, USA
unter dem Titel *The Folding Book*

Text © 2022 Janelle Cohen
Fotos © 2022 Quarto Publishing Group USA Inc.

Erste Auflage 2023
© 2023 der deutschen Ausgabe: DuMont Buchverlag, Köln
Alle Rechte vorbehalten

Übersetzung: Nina Goldt
Satz: Hilde Knauer
Umschlag: Birgit Haermeyer

Printed in China

ISBN 978-3-8321-6928-2
www.dumont-buchverlag.de

Für Linda Levine und Sheri Goldner –
zwei Frauen, die mir beibrachten, kühn,
mutig und furchtlos zu sein

Inhalt

Einleitung **8**
Los geht's **10**
Die Technik **12**
Grundregeln des Faltens **14**
Falten und Aussortieren **15**
Glossar **16**

Basic
18

Baby
100

Kind
152

Feminin
48

Maskulin
88

Wäsche
190

Reisen
220

Index **232**
Danksagung **237**
Über die Autorin **240**

Einleitung

Ich war schon immer sehr detailverliebt und ordentlich, und zwar so sehr, dass ich diese Leidenschaft zu meinem Beruf machte. Meine Firma *Straighten Up by Janelle* ist eine Agentur für professionelles Aufräumen. Ich glaube, ein Ordnungssystem schafft zuhause ein positiveres Umfeld, und es lässt sich fortführen, ganz gleich, wie beschäftigt man ist. Das eigene Zuhause aufzuräumen, muss nicht in Stress ausarten; es kann sogar leicht sein und Spaß machen. Ja, Sie haben richtig gelesen: Spaß!

Während ich für meine Kundinnen und Kunden überall im Haus für Ordnung sorge, konzentriere ich mich in diesem Buch auf die einfachste, schnellste und günstigste Art, zugleich Platz und Ordnung zu schaffen: Falten. Ja genau! Denn wenn man seine Kleidung und sonstige Wäsche platzsparend faltet und sie gut sichtbar in Schubladen und Körben oder in Regalen verstaut, braucht man sich nicht jeden Tag durch Klamottenhaufen zu wühlen; und man kann viel leichter die Dinge aussortieren, wofür man selbst oder die Familie keine Verwendung mehr hat.

Außerdem ist Falten für mich wie eine Therapie. Wir leben in einer chaotischen Welt voller Unwägbarkeiten, doch beim Falten (sowie, ganz allgemein, beim Aufräumen) hat man die Kontrolle, wenn auch nur für ein paar Minuten. Ich falte, wenn ich besorgt oder gestresst bin. Falls Sie sich jetzt fragen „Was hat die denn für ein Problem?", probieren Sie es aus. Ich verspreche Ihnen, wenn man erst einmal die Technik beherrscht, wird das Falten die leichteste und schönste aller häuslichen Pflichten sein. Vor Kurzem entdeckte ich ein Video von mir, wie ich mit zwei Jahren Kleidungsstücke akkurat falte und sogar bügele!

Ich erinnere mich zwar nicht mehr daran, dass ich als Kind leidenschaftlich gern gefaltet habe, aber wenn ich mir dieses Video ansehe, habe ich das Gefühl, dass das Falten schon immer ein Teil von mir war. Ich würde mein zweijähriges Ich auf jeden Fall als Assistentin einstellen. So großartig habe ich das damals gemacht! Also: Wenn Baby Janelle das kann, können Sie das auch.

Falten gehört zu den Dingen, die man wahrscheinlich schon immer getan hat, zumindest, seit man seine Wäsche selbst wäscht. Aber haben Sie jemals wirklich gelernt, wie man richtig faltet? Vielleicht haben Sie mal im Handel gearbeitet und dabei gelernt, mit Hilfe eines Faltbretts zu falten. Ganz gleich, ob Sie wie ein Profi falten möchten oder gar nicht wissen, ob das hier das Richtige für Sie ist – ich zeige Ihnen, wie es geht. Aus meiner jahrelangen Tätigkeit als Aufräumexpertin weiß ich, was tatsächlich funktioniert – nicht bloß, was besonders hübsch aussieht oder Instagram-tauglich ist, sondern, was realistisch ist. Meine Methode lässt sich schnell erlernen und, mit ein bisschen Übung, leicht in den Alltag integrieren.

Entweder orientieren Sie sich exakt an meiner Falttechnik oder Sie nutzen sie als Ausganspunkt, um Ihre eigene Technik zu entwickeln; denn eine falsche Art zu falten gibt es nicht. Wichtig ist, dass sie zu Ihnen, Ihrer Familie und Ihrem Lebensstil passt. Entscheiden Sie, was sich gut anfühlt, und setzen Sie sich realistische Ziele. Sie sind nicht der Typ, der auch seine Unterwäsche falten würde? Dann tun Sie es nicht. Dieses Buch soll Ihnen dabei helfen, ein Ordnungssystem zu entwickeln, das Sie selbst ohne Probleme, dafür mit Begeisterung fortführen können.

Los geht's

Eigentlich ist schon alles vorhanden, was man zum Falten braucht. Man kann zum Beispiel mit einer Ladung Wäsche aus dem Trockner anfangen, oder sich ganz entspannt eine Schublade nach der anderen vornehmen, oder gleich den ganzen Kleiderschrank ausräumen und alles neu falten. Sie entscheiden! Denn, wie gesagt, geht es beim Falten nicht darum, sich unter Druck zu setzen oder zu überfordern, damit am Ende alles perfekt aussieht. Wenn Sie in Ihrem eigenen Tempo arbeiten, wird es sich weniger nach Arbeit und mehr nach Spaß anfühlen. Sie brauchen sich auch keinen neuen Stauraum anzuschaffen. Verwenden Sie erst einmal, was vorhanden ist, zum Beispiel Kommoden, Regale, Körbe. Mit etwas mehr Erfahrung im Falten und Aufräumen lässt sich dann beurteilen, was sonst noch von Nutzen sein könnte. Und los geht's:

Falten vs. Hängen

Die meisten Kleidungsstücke lassen sich problemlos falten und in einer Schublade, einem Korb oder einem Regal verstauen; doch manche Teile sollte man unbedingt auf Kleiderbügel hängen.

Diese Teile sollte man aufhängen: Blusen, Kleider, Blazer, schicke Hosen, voluminöse Jacken, Mäntel

Diese Teile sollte man falten: Unterwäsche, Socken, Tops, Pullover, Leggins, Jogginghosen, Pyjamas, Sportsachen, Schwimmsachen, Bett- und Tischwäsche.

Diese Teile kann man sowohl falten als auch aufhängen: T-Shirts, Hemden, Poloshirts, Sweatshirts, Freizeithosen, Jeans, Röcke (je nach Material), Nachthemden (je nach Material)

Kommoden einräumen

Wenn ich eine Kommode einräume, gehe ich dabei von oben nach unten und von kurz nach lang vor. In der obersten Schublade verstaue ich Unterwäsche, Tops zum Darunterziehen und Socken. Danach kommen Oberteile (ärmellos, kurzärmlig und schließlich langärmlig), gefolgt von Hosen (kurze Hosen/Röcke, Caprihosen, lange Hosen und Jogginghosen). Ganz unten verstaue ich Pyjamas und spezielle Kleidung (Schwimmsachen, Shapewear usw.)

Eine Kommode für Kinder beschriften

Kinderkleidung zu falten ist unter Umständen etwas komplizierter als bei Erwachsenen. Denn als Erwachsener kennt man schließlich seine Garderobe; man braucht nur eine Schublade zu öffnen und das gewünschte Kleidungsstück herauszunehmen. Um ein Kind kümmern sich in der Regel mehrere Personen, weshalb die Beschriftung gut lesbar und selbsterklärend sein sollte. Die folgende Methode, eine Kinderkommode zu beschriften, ist unkompliziert, praktisch, und kann sogar mit der Zeit angepasst werden.

1. Kategorien bilden (Einteiler, Shirts, Hosen, Pyjamas usw.). Jede Kategorie bekommt eine eigene Reihe in einer Schublade. Weil Baby- und Kindersachen so klein sind, beinhaltet eine Schublade in der Regel mehrere Kategorien.

2. Pro Kategorie ein Etikett auf den Rand der Schublade kleben, auf Höhe der entsprechenden Reihe. Wenn man kein Etikettiergerät hat, nimmt man etwas Masking Tape oder Malerkrepp und beschriftet es mit einem Permanentmarker. Es braucht nicht hübsch zu sein, Hauptsache es ist praktisch.

3. Bei Babys wird die Schublade oben in der Mitte mit der Größe (0–3 Monate, 3–6 Monate, 6–9 Monate usw.) beschriftet. Wenn das Kind älter wird, braucht man lediglich den Aufkleber mit der Größe abzureißen/auszutauschen. Die Einteilung in Reihen bleibt wie gehabt, nur die Größe ändert sich. Einmal in Gebrauch genommen, lässt sich dieses Ordnungssystem problemlos fortführen und an das Alter des Kindes anpassen.

Die Technik

Die Falttechnik, um die es in diesem Buch geht, nennt sich Filefolding. Dabei werden die Kleidungsstücke so gefaltet, dass sie wie bei einem Ablagesystem für Dokumente (file = Aktenordner) aufrecht hintereinander in einer Schublade (oder einem Korb) aufbewahrt werden können. Sich durch einen Stapel Papier zu wühlen, ist mühsamer als ein Hängeregister durchzublättern oder einen Aktenschrank zu öffnen, und genauso verhält es sich mit Kleidungsstücken.

Stapelt man seine Kleidung, nimmt man immer das Teil, das ganz oben liegt, weil es so am bequemsten ist. Und umgekehrt bringt man den kompletten Stapel durcheinander, nur um an ein Teil zu kommen, das ganz unten liegt. Anstatt sich also durch einen Haufen von zum Beispiel T-Shirts kämpfen zu müssen, hat man sofort einen Überblick über all seine T-Shirts. Das aufrechte Falten dieser Methode bietet viele Vorzüge; vor allem ist es ungeheuer platzsparend und übersichtlich.

Filefolding erfordert Übung, und wahrscheinlich wird es Ihnen nicht auf Anhieb gelingen, jedes Teil perfekt zu falten. Bleiben Sie dran, und seien Sie nicht frustriert, nur weil Ihre Schubladen optisch vielleicht nicht für Instagram taugen. Finden Sie heraus, was zu Ihnen passt, und nutzen Sie die Vorzüge Ihres persönlichen Ordnungssystems.

Ein aufrecht gefaltetes Kleidungsstück hat eine runde und eine offene Seite. Die offene Seite dient als Fuß (siehe Seite 16) und ermöglicht, das Kleidungsstück aufrecht in einer Schublade oder einem Korb zu verstauen. Hier sind einige Kleidungsstücke abgebildet, die nach der Filefolding-Methode zusammengelegt wurden – einmal von oben und einmal von der Seite. So sieht man, wie sie jeweils im gefalteten Zustand aussehen.

Tanktop für Erwachsene

Jogginghose für Erwachsene

Body für Babys

Leggins für Babys

Grundregeln des Faltens

Diese allgemeinen Tipps sollte man beim Falten beherzigen:

- Immer auf einem glatten Untergrund falten, also zum Beispiel auf einem Tisch, Bett oder Bügelbrett. Das Falten geht leichter, wenn man sich dabei nicht bücken muss.

- Vor dem Falten das Kleidungsstück glattstreichen. Ein Bügeleisen zu benutzen, finde ich persönlich überflüssig, zumal man diese Methode ja jeden Tag nutzen und fortführen möchte.

- Beim Falten Knicke und Falten glattstreichen (auch hier wieder die eigenen Hände benutzen). Denn je glatter die Kleidungsstücke sind, desto kleiner werden die Falten sein. Außerdem erhält man auf diese Weise schöne, gleichmäßige Reihen.

- Knöpfe, Schnallen und Reißverschlüsse immer schließen. Das erleichtert das Falten.

- Wie man im Laufe der Lektüre bemerken wird, falte ich in der Regel von rechts nach links, weil sich das für mich natürlich anfühlt. Genauso gut kann man aber von links nach rechts falten. Wichtig ist nur, dass man die Richtung, für die man sich entschieden hat, stets beibehält.

- Die gleichmäßigsten Reihen erhält man, wenn man Shirts, Hosen und dergleichen so faltet, dass sie immer dieselbe Breite haben, auch wenn sie verschieden groß und unterschiedlich geschnitten sind. Dabei darf auch mal ein bisschen „geschummelt" werden. Ein schmal geschnittenes T-Shirt wird so zum Beispiel einmal weniger zusammengelegt als ein T-Shirt mit lockerer Passform. Und bei einer eher weit geschnittenen Hose wird das Popoeck (siehe Seite 16) etwas weiter als sonst umgeklappt. Längere Kleidungsstücke werden einmal mehr gefaltet. Wählen Sie aus jeder Kategorie ein gefaltetes Teil aus, das Ihnen als Maßstab für sämtliche Faltungen in dieser Kategorie dient. So entsteht in der Schublade eine perfekte Reihe. Je exakter Sie falten, desto mehr Platz gewinnen Sie.

- Kindersachen immer so falten, dass der Halsausschnitt sichtbar ist. Dann sieht man sofort die Größenangabe und muss nicht das ganze Kleidungsstück auseinanderfalten, nur um sich zu vergewissern, dass es die richtige Größe hat. Kinder (vor allem Babys) wachsen schnell. Die Schubladen sollten daher übersichtlich sein, damit man die Teile, die zu klein geworden sind, direkt aussortieren kann.

Falten und Aussortieren

Sie falten gerade Ihre Kleider? Das ist der perfekte Zeitpunkt, um zu entscheiden, für welche Teile Sie keine Verwendung mehr haben. Dabei kann man nicht nur zu kleine Sachen aussortieren, oder Unterwäsche und Socken, die schon einmal bessere Tage gesehen haben, sondern auch die Teile, die nur im Schrank herumliegen, ohne je getragen zu werden. Stellen Sie sich die folgenden Fragen:

1. **Passt es noch?** Falls sich Ihr Gewicht verändert hat, könnten Sie das Teil nochmal kaufen oder ist es unersetzlich? Wenn nicht, dann weg damit.
2. **Ist es beschädigt?** Würden Sie Geld ausgeben, um es reparieren zu lassen, oder sich selbst die Zeit dafür nehmen? Wenn nicht, dann bye-bye.
3. **Fühlen Sie sich wohl, wenn Sie es tragen?** Die Antwort lautet nein? Dann müssen wir gar nicht mehr darüber reden.
4. **Würden Sie es morgen anziehen (vorausgesetzt, es gibt einen passenden Anlass)?** Nein? Vielleicht haben Sie sich mal ein Kleid für eine Hochzeit gekauft, aber es bis heute nicht angezogen. Wozu sollten Sie es für eine hypothetische Gelegenheit aufheben? Dasselbe gilt für Kleidungsstücke, die man nur behält, weil man sie irgendwann als Kostüm verwenden könnte. Mein Vorschlag: Nur Accessoires für potenzielle Kostümierungen aufheben! (Man wird erstaunlich kreativ, wenn man auf das zurückgreift, was bereits im Kleiderschrank hängt.)
5. **Würden Sie wollen, dass man Sie darin fotografiert?** Wenn nicht, dann tschüss. Heutzutage kann man jederzeit fotografiert werden, also überlegen Sie sich gut, ob dieses oder jenes Kleidungsstück auf einem Foto verewigt werden sollte. Wenn man zwanzig Jahre später ein Foto von sich sieht, möchte man schließlich sagen können „Das Shirt fand ich echt toll", auch wenn es längst aus der Mode gekommen ist.
6. **Lässt es sich zu mehreren Outfits kombinieren?** Nein? Dann weg damit. Bei künftigen Käufen sollten Sie den Cost-per-Wear-Faktor, kurz CPW, (siehe Seite 16) berücksichtigen, und dieser ist recht hoch, wenn Sie ein spezielles Teil kaufen, das Sie nur in Kombination mit einem anderen speziellen Teil tragen werden. Auch sollte man beim Shoppen auf die Pflegehinweise des Kleidungsstücks achten. Stresst es Sie zusätzlich, wenn Sie ein Teil chemisch reinigen lassen müssen, dann kaufen Sie lieber etwas, das maschinenwaschbar ist, oder umgekehrt.
7. **Behalten Sie es aus nostalgischen Gründen?** Dann fällt es wahrscheinlich besonders schwer, sich davon zu trennen. Falls Sie das Kleidungsstück noch behalten möchten, bewahren Sie es nicht in ihrem Schrank auf, sondern an einem Ort für nostalgische Andenken (aber auch hier gehören nur ausgewählte Stücke hin). Ihren Kleiderschrank wollen Sie schließ- lich tagtäglich nutzen und nicht mit Sachen überfrachten, die Sie gar nicht mehr tragen.

Manchmal ist es allerdings besonders schwer und kostet viel Überwindung, sich von mehreren Dingen gleichzeitig zu trennen. Im Zweifelsfall können Sie Stücke auch an jemanden aus dem Freundes- oder Familienkreis verschenken, der sich darüber freuen würde, oder Sie können es spenden oder weiterverkaufen.

Glossar

Die folgenden Wörter und Wendungen werden Ihnen im Laufe der Lektüre immer wieder begegnen; hier erfahren Sie, was sie bedeuten.

Popoeck

Das Stück Stoff, das sich bildet bzw. das übersteht, wenn man eine Hose in der Mitte faltet. Es hat die Form eines kleinen Dreiecks und befindet sich auf Höhe des Gesäßes, oder (wie ich zu sagen pflege) des Popos.

Cost-per-Wear (CPW)

Der Preis eines Kleidungsstückes, geteilt durch die Anzahl der Male, die man es trägt. Gibt man für einen Mantel zum Beispiel 200€ aus und trägt ihn nur zehn Mal, dann hat er einen hohen CPW – nämlich 20€. Geben Sie wiederum 200€ für eine Jeans aus, tragen diese aber ein Jahr lang zweimal pro Woche, hat sie einen niedrigen CPW – nämlich 1,92€.

In der Mitte falten

Wenn man die eine Hälfte eines Kleidungsstückes über die andere Hälfte faltet und beide genau übereinanderlegt, sei es in der Breite (von rechts nach links, von links nach rechts) oder in der Länge (von unten nach oben, von oben nach unten).

In Drittel falten

Wenn man den unteren Teil eines Kleidungsstückes erst bis zur Mitte nach oben faltet und ihn dann noch einmal hochklappt, sodass er mit der oberen Kante abschließt. Dabei formt man ein Paar Füße (siehe unten), auf denen das Kleidungsstück aufrecht in einer Schublade stehen kann.

Griffbereit

Damit sind verschiedene Textilien – Pyjamas, Jogginganzüge, Badeanzüge, Bettzeug – gemeint, die so gefaltet wurden, dass Erwachsene ebenso wie Kinder sie sofort in Gebrauch nehmen können. Das erleichtert den Alltag und spart Zeit.

Füße

Ein nach der Filefolding-Methode gefaltetes Kleidungsstück hat eine glatte, runde Seite (siehe unten) und eine offene Seite mit Umschlägen, die als Füße dienen und dafür sorgen, dass das Kleidungsstück aufrecht in einer Schublade steht.

Überlappungen

Beim Falten sollten die Kanten möglichst genau übereinanderliegen und sich nicht überlappen.

Runde Seite

Bei einem nach der Filefolding-Methode gefalteten Kleidungsstück sollte diese Seite immer nach oben zeigen. Die andere, offene Seite dient als Fuß und sorgt dafür, dass das Teil aufrecht in der Schublade steht. Wenn es in einem Regal aufbewahrt wird, sollte diese Seite nach vorne zeigen.

Basic

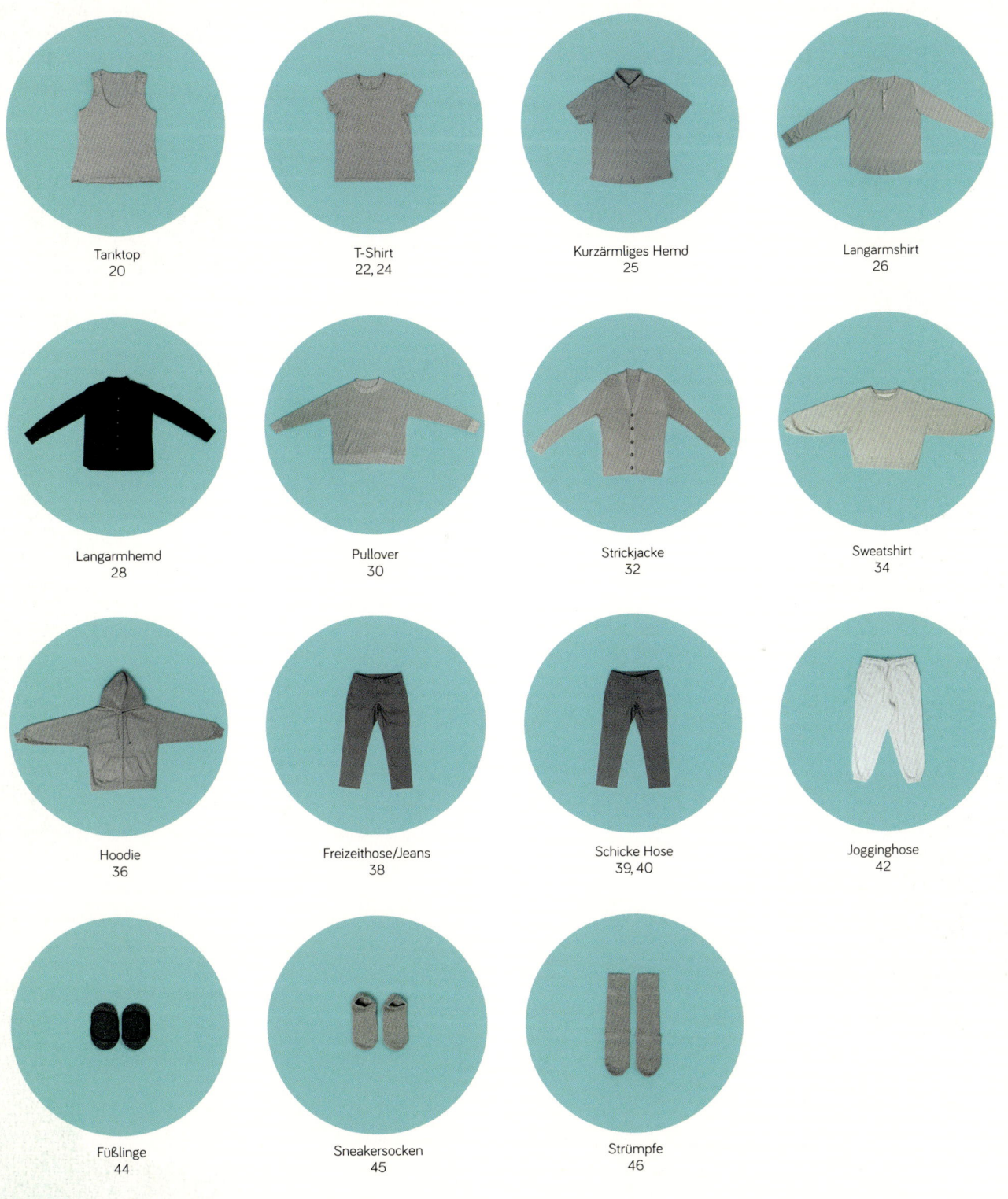

Tanktop

1 Das Tanktop mit der Rückseite auf einen glatten Untergrund legen.

2 Die rechte Seite zur Mitte einschlagen.

5 Den unteren Teil nach oben zur Mitte falten.

6 Den unteren Teil nochmals nach oben klappen, sodass er mit der oberen Kante abschließt.

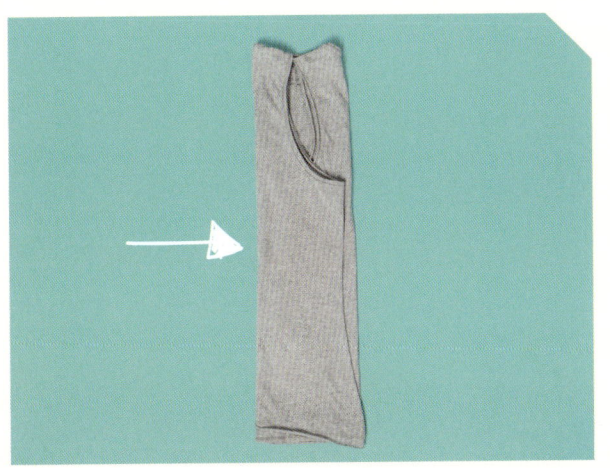

3 Die linke Seite über die rechte legen.

4 Mittig, von oben nach unten, falten.

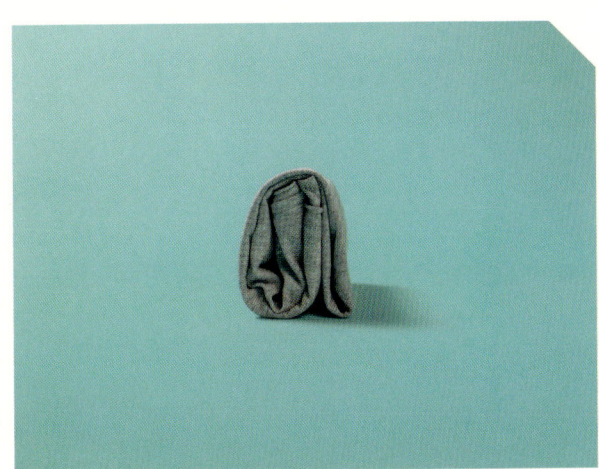

7 Mit der runden Seite nach oben in einer Schublade verstauen.

T-Shirt

1 Das T-Shirt mit der Vorderseite auf einen glatten Untergrund legen.

2 In der Mitte, von rechts nach links, falten.

5 Den unteren Teil zur Mitte hochklappen.

6 Den unteren Teil ein letztes Mal hochklappen, sodass er mit dem Ausschnitt abschließt.

3 Die linke Seite nach rechts einschlagen.

4 Den Saum nach oben falten, bis kurz unterhalb des Ausschnitts.

7 Mit der runden Seite nach oben in einer Schublade verstauen.

Tipp

Wenn das Shirt einen Aufdruck hat, sollte in Schritt 1 die Seite mit dem Aufdruck nach unten zeigen. So ist der wiedererkennbare Aufdruck auch im gefalteten Zustand sofort zu sehen.

T-Shirt (Variante)

1 Das T-Shirt mit der Vorderseite auf einen glatten Untergrund legen.

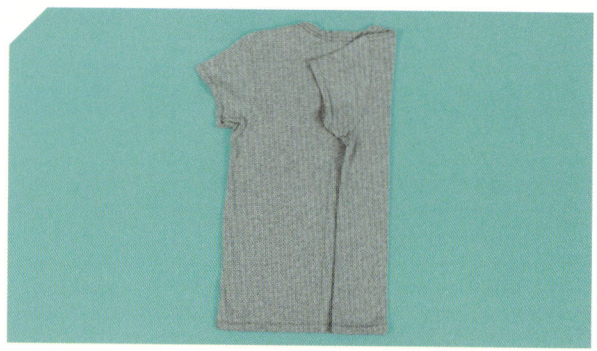

2 Die rechte Seite nach innen falten, sodass sie den Halsausschnitt rechts ein bisschen überlappt.

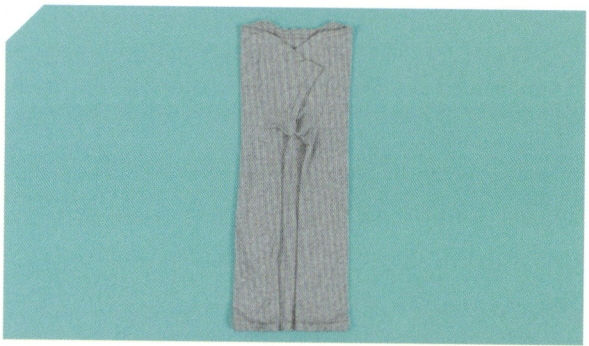

3 Die linke Seite auf dieselbe Weise nach innen falten. Bei einem weit geschnittenen Shirt werden gegebenenfalls die Ärmel zurückgeschlagen, damit es in der Mitte nicht zu voluminös wird.

4 Den Saum nach oben falten, bis kurz unterhalb des Ausschnitts.

5 Mittig, von unten nach oben, falten.

6 Das Shirt mit der runden Seite nach oben in einer Schublade verstauen.

Kurzärmliges Hemd

1 Das kurzärmlige Hemd mit der Vorderseite auf einen glatten Untergrund legen.

2 Die rechte Seite nach innen falten, sodass sie den Kragen rechts ein bisschen überlappt.

3 Die linke Seite auf dieselbe Weise nach innen falten.

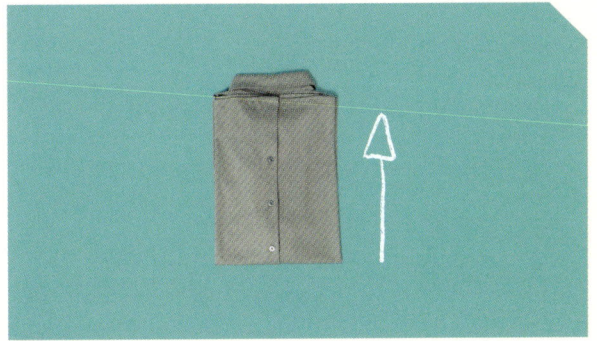

4 Den Saum nach oben falten, bis kurz unterhalb des Kragens.

5 Damit der Kragen nicht zerknittert, das Hemd so in ein Regal legen, dass seine Vorderseite nach oben und die runde Seite nach vorne zeigt.

Tipp

Zugeknöpfte Hemden lassen sich einfacher zusammenlegen. Dazu können Sie entweder alle Knöpfe zuknöpfen oder nur den Knopf ganz oben, den in der Mitte und den ganz unten.

Langarmshirt

1 Das Langarmshirt mit der Vorderseite auf einen glatten Untergrund legen.

2 Mittig, von rechts nach links, falten.

5 Den Saum nach oben falten, bis kurz unterhalb des Ausschnitts.

6 Den unteren Teil nochmals bis zur Mitte hochklappen.

> **Tipp**
>
> *Bei Shirts mit Rollkragen in Schritt 4 erst die Ärmel falten und dann den Kragen nach unten klappen.*

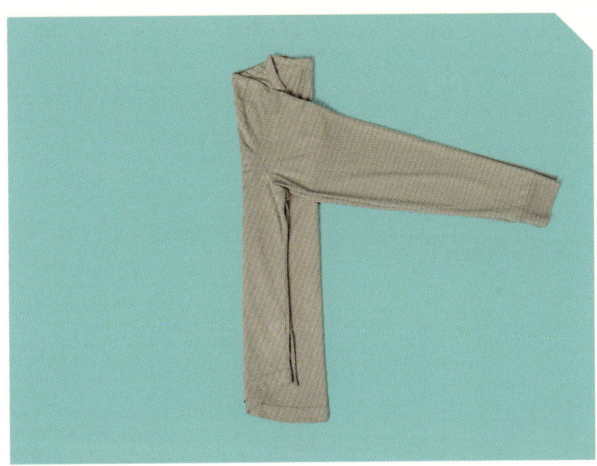

3 Die linke Seite bis zur Mitte nach rechts zurückschlagen.

4 Die Ärmel zurückschlagen und auf Höhe des Ellenbogens nach unten umklappen, sodass sie mittig flach auf dem Shirt aufliegen.

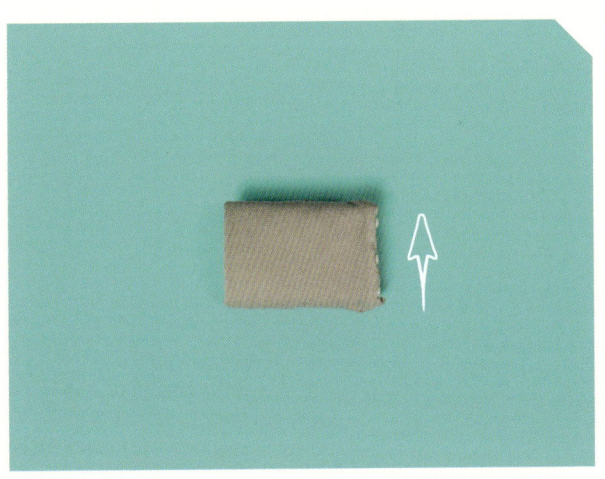

7 Den unteren Teil ein letztes Mal hochklappen, sodass er mit dem Ausschnitt abschließt.

8 Das Shirt mit der runden Seite nach oben in einer Schublade verstauen.

Langarmhemd

1 Das langärmlige Hemd mit der Vorderseite auf einen glatten Untergrund legen.

2 Die rechte Seite nach innen falten, sodass sie den Kragen rechts ein bisschen überlappt.

5 Den linken Ärmel zurückschlagen, auf Höhe des Ellenbogens nach unten umklappen und über den rechten Ärmel legen.

6 Den Saum bis zur Mitte nach oben falten.

> **Tipp**
>
> *Zugeknöpfte Hemden lassen sich einfacher zusammenlegen. Dazu können Sie entweder alle Knöpfe zuknöpfen oder nur den Knopf ganz oben, den in der Mitte und den ganz unten.*

3 Den rechten Ärmel zurückschlagen und auf Höhe des Ellenbogens nach unten umklappen, sodass er mittig flach auf dem Hemd aufliegt.

4 Die linke Seite auf dieselbe Weise nach innen falten.

7 Den unteren Teil nochmals hochklappen, bis kurz unterhalb des Kragens.

8 Damit der Kragen nicht zerknittert, das Hemd so in ein Regal legen, dass seine Vorderseite nach oben und die runde Seite nach vorne zeigt.

Pullover

1 Den Pullover mit der Vorderseite auf einen glatten Untergrund legen.

2 Die rechte Seite nach innen falten, sodass sie den Halsausschnitt rechts ein bisschen überlappt.

5 Den linken Ärmel zurückschlagen, auf Höhe des Ellenbogens nach unten umklappen und über den rechten Ärmel legen.

6 Den Saum bis zur Mitte hochklappen.

> **Tipp**
>
> *Soll der Pullover in einem Regal verstaut werden, wird der Saum in Schritt 6 bis kurz unterhalb des Ausschnitts nach oben gefaltet. Anschließend mit der Vorderseite nach oben und der runden Seite nach vorne ins Regal legen.*

BASIC

3 Den rechten Ärmel zurückschlagen und auf Höhe des Ellenbogens nach unten umklappen, sodass er mittig flach auf dem Pullover aufliegt.

4 Die linke Seite auf dieselbe Weise nach innen falten.

7 Den unteren Teil nochmals hochklappen, bis kurz unterhalb des Ausschnitts.

8 Mit der runden Seite nach oben in einer Schublade verstauen. Für die Aufbewahrung in einem Regal: siehe oben (Tipp).

Strickjacke

1 Die Strickjacke zuknöpfen und mit der Vorderseite auf einen glatten Untergrund legen.

2 Die rechte Seite nach innen falten, sodass sie den Halsausschnitt rechts ein bisschen überlappt.

5 Den linken Ärmel zurückschlagen, auf Höhe des Ellenbogens nach unten umklappen und über den rechten Ärmel legen.

6 Den Saum bis zur Mitte hochklappen.

> **Tipp**
>
> *Soll die Strickjacke in einem Regal verstaut werden, wird der Saum in Schritt 6 bis kurz unterhalb des Ausschnitts nach oben gefaltet. Anschließend mit der Vorderseite nach oben und der runden Seite nach vorne ins Regal legen.*

3 Den rechten Ärmel zurückschlagen und auf Höhe des Ellenbogens nach unten umklappen, sodass er mittig flach auf der Strickjacke aufliegt.

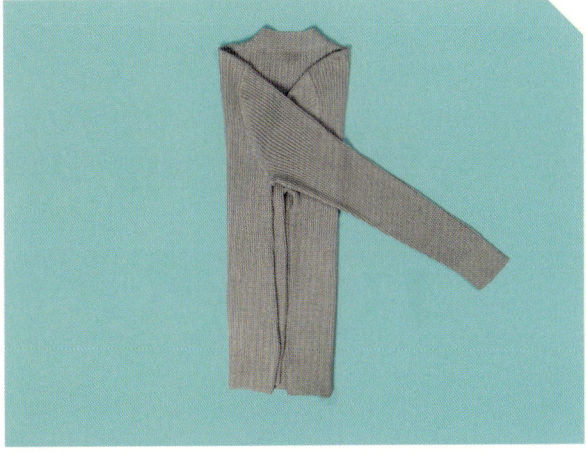

4 Die linke Seite auf dieselbe Weise nach innen falten.

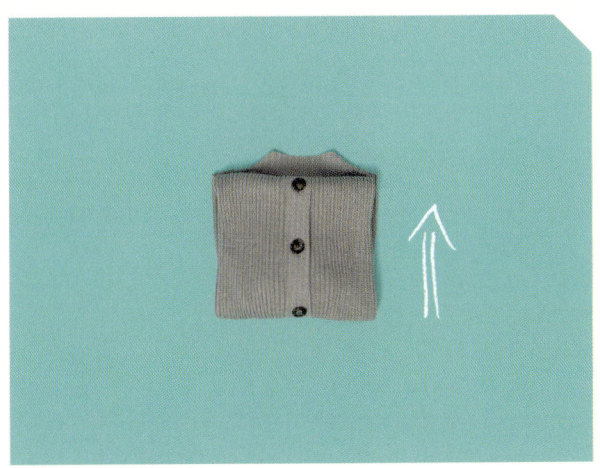

7 Den unteren Teil nochmals hochklappen, bis kurz unterhalb des Ausschnitts.

8 Mit der runden Seite nach oben in einer Schublade verstauen. Für die Aufbewahrung in einem Regal: siehe oben (Tipp).

Sweatshirt

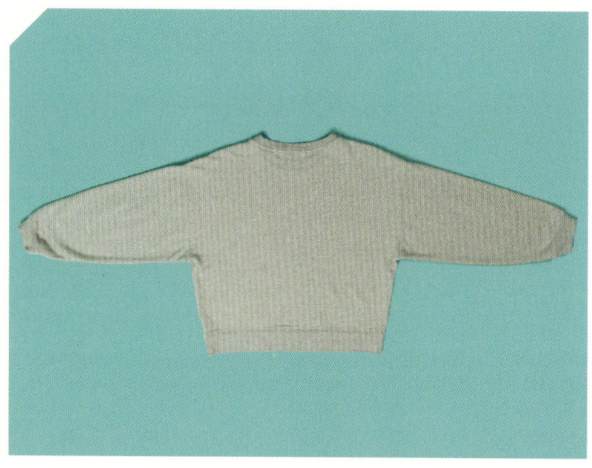

1 Das Sweatshirt mit der Vorderseite auf einen glatten Untergrund legen.

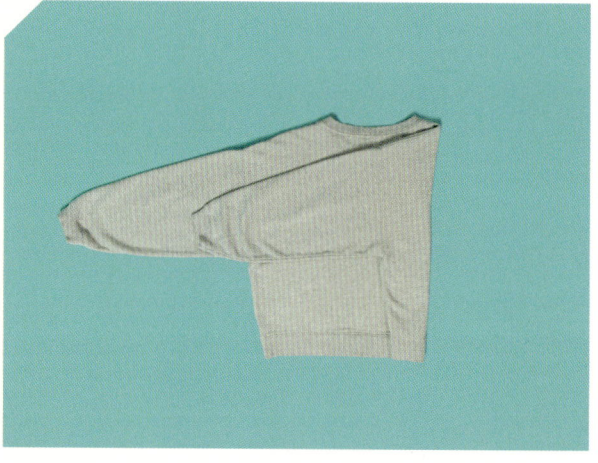

2 Die rechte Seite nach innen falten, sodass sie den Halsausschnitt rechts ein bisschen überlappt.

5 Den linken Ärmel zurückschlagen, auf Höhe des Ellenbogens nach unten umklappen und über den rechten Ärmel legen.

6 Den Saum bis zur Mitte hochklappen.

> **Tipp**
>
> *Soll das Sweatshirt in einem Regal verstaut werden, wird der Saum in Schritt 6 bis kurz unterhalb des Ausschnitts nach oben gefaltet. Anschließend mit der Vorderseite nach oben und der runden Seite nach vorne ins Regal legen.*

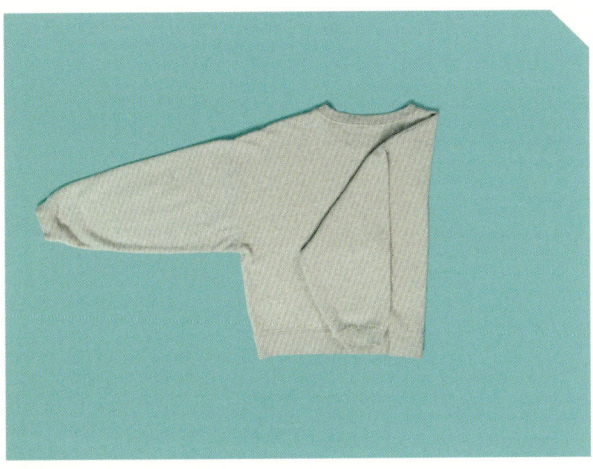

3 Den rechten Ärmel zurückschlagen und auf Höhe des Ellenbogens nach unten umklappen, sodass er mittig flach auf dem Sweatshirt aufliegt.

4 Die linke Seite auf dieselbe Weise nach innen falten.

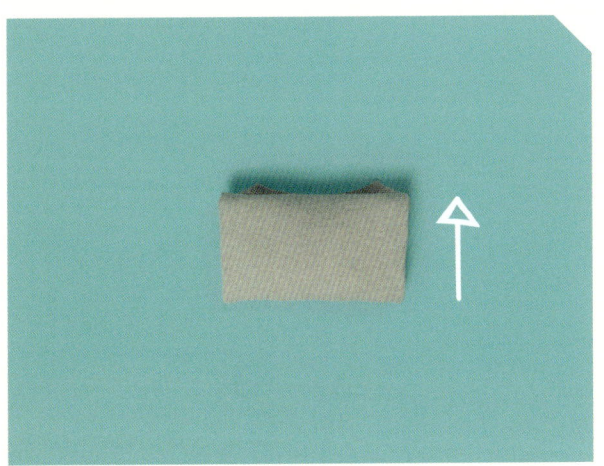

7 Den unteren Teil nochmals hochklappen, sodass er mit dem Ausschnitt abschließt.

8 Mit der runden Seite nach oben in einer Schublade verstauen. Für die Aufbewahrung in einem Regal: siehe oben (Tipp).

Hoodie

1 Den Hoodie mit der Vorderseite auf einen glatten Untergrund legen und die Kapuze glattstreichen. Reißverschluss, falls vorhanden, schließen, damit das Falten leichter geht.

2 Die rechte Seite auf Höhe der Schulter nach innen falten.

5 Den linken Ärmel zurückschlagen, auf Höhe des Ellenbogens nach unten umklappen und über den rechten Ärmel legen.

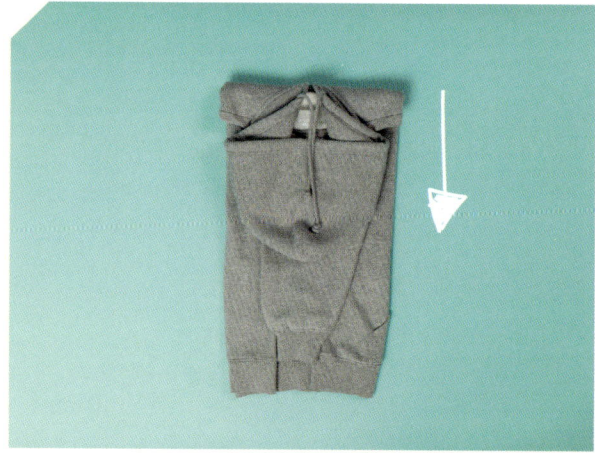

6 Die Kapuze nach unten klappen, und Kordeln, sofern vorhanden, auf die Kapuze legen.

> **Tipp**
>
> *Soll der Hoodie in einem Regal verstaut werden, wird er in Schritt 7 mittig von unten nach oben gefaltet. Anschließend mit der Vorderseite nach oben und der runden Seite nach vorne ins Regal legen.*

3 Den rechten Ärmel zurückschlagen und auf Höhe des Ellenbogens nach unten umklappen, sodass er mittig flach auf dem Hoodie aufliegt.

4 Die linke Seite auf dieselbe Weise nach innen falten.

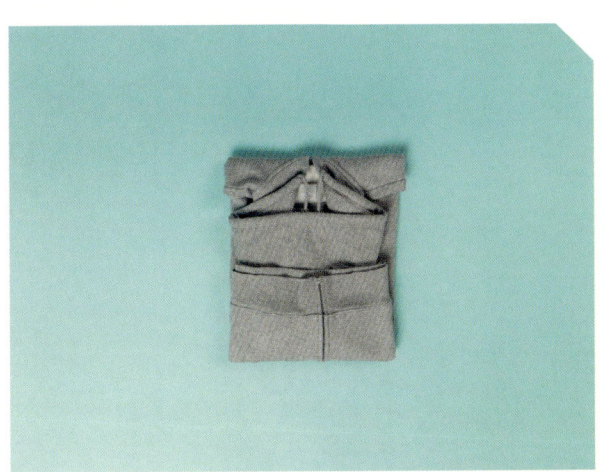

7 Den Saum bis zur Mitte hochklappen.

8 Den unteren Teil nochmals hochklappen, sodass er mit dem Ausschnitt abschließt. Den Hoodie mit der runden Seite nach oben in einer Schublade verstauen. Für die Aufbewahrung in einem Regal: siehe oben (Tipp).

Freizeithose/Jeans

1 Die Freizeithose mit der Rückseite auf einen glatten Untergrund legen.

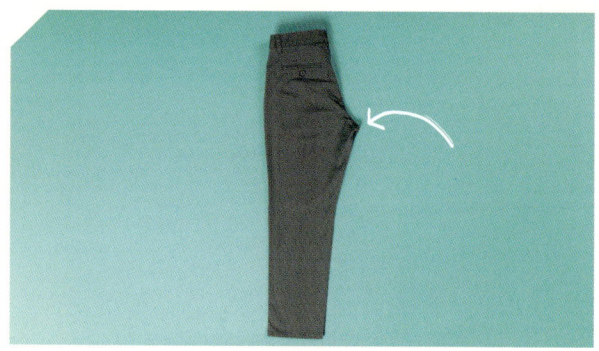

2 Die rechte über die linke Seite legen. Sehen Sie das „Popoeck" auf Höhe des Gesäßes? Indem Sie es umklappen, erzielen Sie eine saubere, gerade Linie.

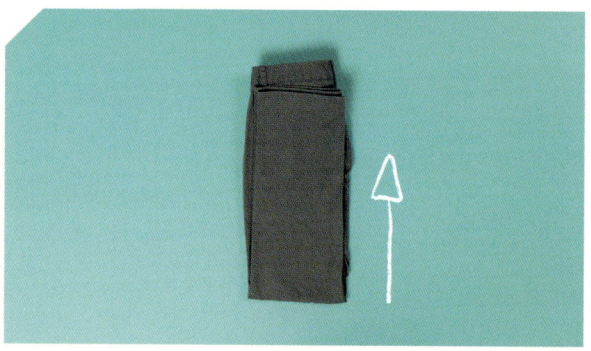

3 Die Hosenbeine nach oben falten, bis kurz unterhalb des Bunds.

4 Den unteren Teil bis zur Mitte hochklappen.

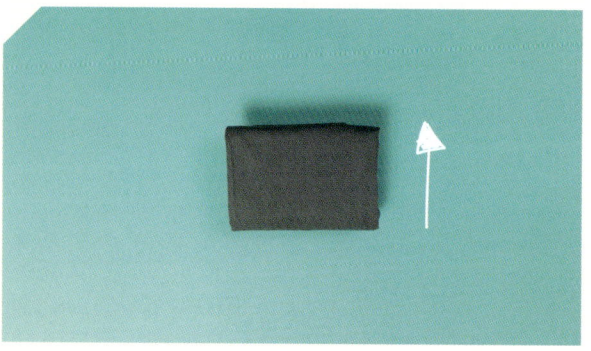

5 Den unteren Teil nochmals nach oben falten, sodass er mit dem Bund abschließt. Die Hose mit der runden Seite nach oben in einer Schublade verstauen. Für die Aufbewahrung in einem Regal: siehe rechts (Tipp).

Tipp

Soll die Hose in einem Regal verstaut werden, wird sie in Schritt 4 mittig, von unten nach oben, gefaltet. Anschließend mit der runden Seite nach vorne ins Regal legen.

Schicke Hose (Kleiderbügel)

> **Tipp**
>
> *Hängt man eine schicke Hose auf einen Kleiderbügel, sollten die Säume der Hosenbeine mit dem Bund auf einer Höhe sein. Dadurch hängt die Hose stabil und gerade auf dem Bügel. Außerdem sollte das Hinterteil der Hose immer in Richtung Wand zeigen.*

1 Die schicke Hose mit der Rückseite auf einen glatten Untergrund legen.

2 Daumen und Zeigefinger auf die zwei Gürtelschlaufen links und rechts neben dem Knopf legen. Die Gürtelschlaufen zusammenführen, sodass sich der Stoff dazwischen nach innen stülpt.

3 Nun mittig die Rückseite der Hose greifen und die Hose hochhalten. Jetzt sollte die Hose längs in der Mitte gefaltet sein.

4 Die Hose über einen Bügel legen, sodass die Säume der Hosenbeine mit dem Bund abschließen.

Schicke Hose (Regal)

1 Die schicke Hose mit der Rückseite auf einen glatten Untergrund legen.

2 Daumen und Zeigefinger auf die zwei Gürtelschlaufen links und rechts neben dem Knopf legen. Die Gürtelschlaufen zusammenführen, sodass sich der Stoff dazwischen nach innen stülpt.

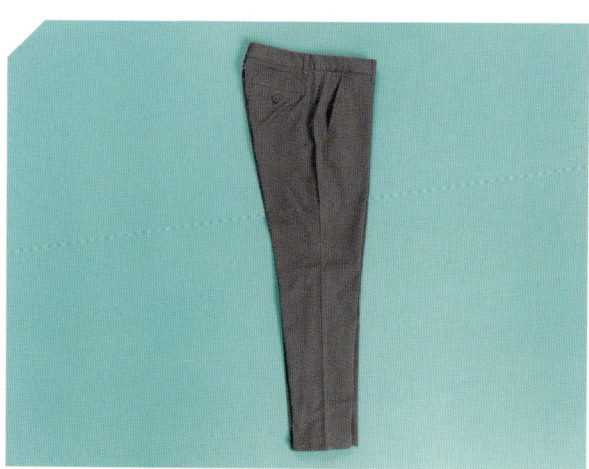

3 Nun mittig die Rückseite der Hose greifen und die Hose hochhalten. Jetzt sollte die Hose längs in der Mitte gefaltet sein.

> **Tipp**
>
> *Sehen Sie die Falten vorne auf den Hosenbeinen? Bei dieser Methode wird die Hose entlang dieser Falten gefaltet, und es entstehen keine anderen, unerwünschten Knicke.*

4 Die Hose zurück auf den glatten Untergrund legen. Die Beine nach oben falten, bis kurz unterhalb des Bunds.

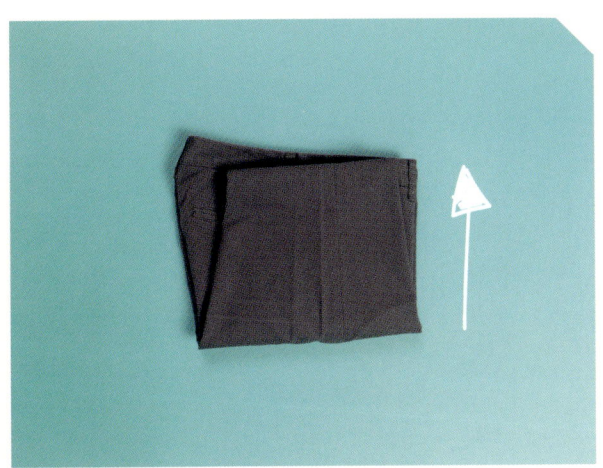

5 In der Mitte, von unten nach oben, falten.

6 Die Hose einmal wenden, sodass man die Taschen sieht, und mit der runden Seite nach vorne ins Regal legen.

Jogginghose

1 Die Jogginghose mit der Rückseite auf einen glatten Untergrund legen.

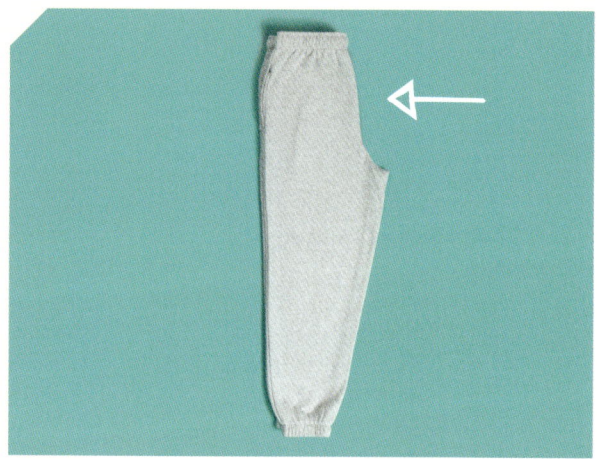

2 In der Mitte, von rechts nach links, falten.

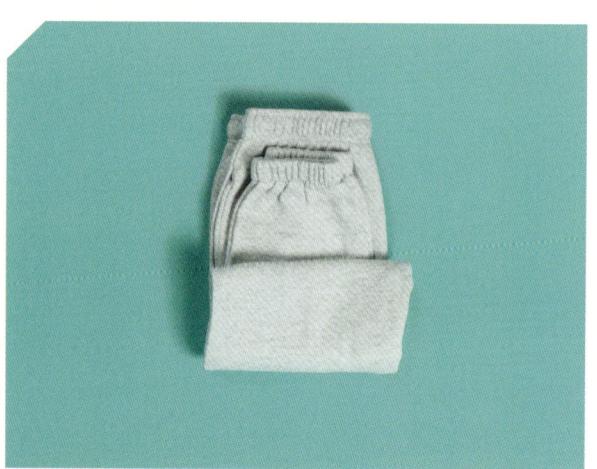

5 Den unteren Teil der Hose bis zur Mitte hochklappen.

6 Den unteren Teil nochmals nach oben falten, sodass er mit dem Bund abschließt.

3 Sehen Sie das kleine Dreieck auf Höhe des Gesäßes? Ich nenne es „Popoeck". Indem man es umklappt, erzielt man eine gerade, saubere Linie.

4 Die Hosenbeine nach oben falten, bis kurz unterhalb des Bunds.

7 Die Hose mit der runden Seite nach oben in einer Schublade verstauen. Für die Aufbewahrung in einem Regal: siehe rechts (Tipp).

Tipp

Soll die Hose in einem Regal verstaut werden, wird sie in Schritt 5 mittig, von unten nach oben, gefaltet. Anschließend mit der runden Seite nach vorne ins Regal legen.

Füßlinge

1 Die Füßlinge mit der Öffnung nach oben auf einen glatten Untergrund legen.

2 Eine Socke auf die andere legen, sodass sie die untere Hälfte der darunterliegenden Socke verdeckt.

3 Die obere Socke nach oben umschlagen, bis sie mit der Spitze der unteren Socke abschließt.

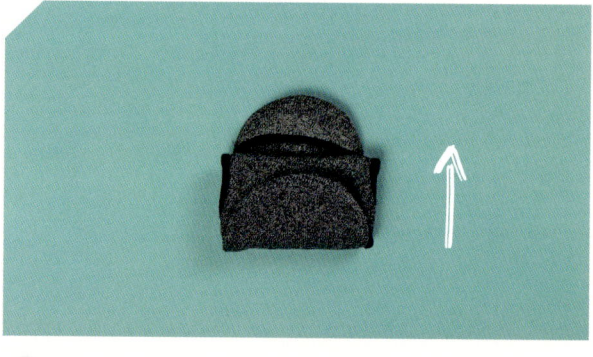

4 Nun die untere, zusammen mit der oberen Socke, nach oben falten.

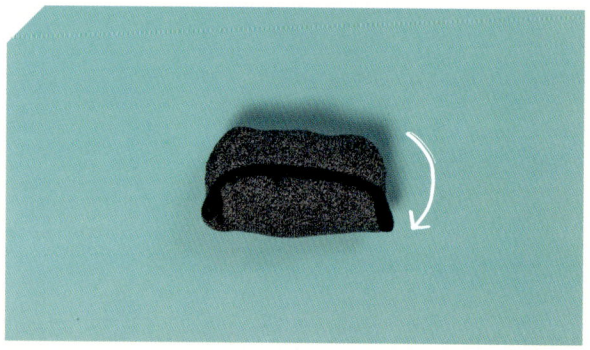

5 Die Öffnung der unteren Socke von oben über den gefalteten Teil stülpen, damit ein Bündel entsteht.

Sneakersocken

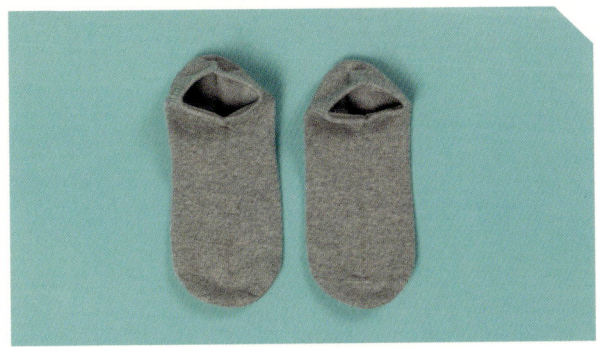

1 Die Sneakersocken mit der Öffnung nach oben auf einen glatten Untergrund legen.

2 Eine Socke auf die andere legen, sodass von der unteren Socke lediglich noch die Öffnung zu sehen ist.

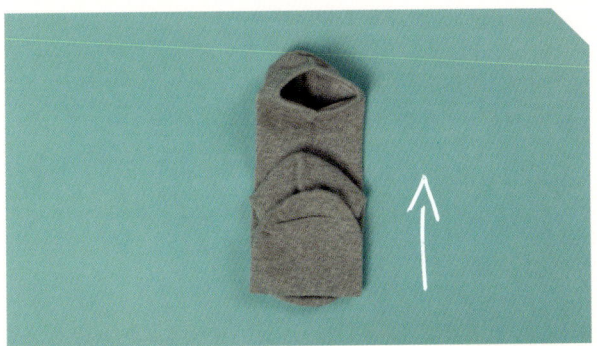

3 Die obere Socke nach oben umschlagen, bis sie mit der Spitze der unteren Socke abschließt.

4 Nun die untere, zusammen mit der oberen Socke, nach oben falten.

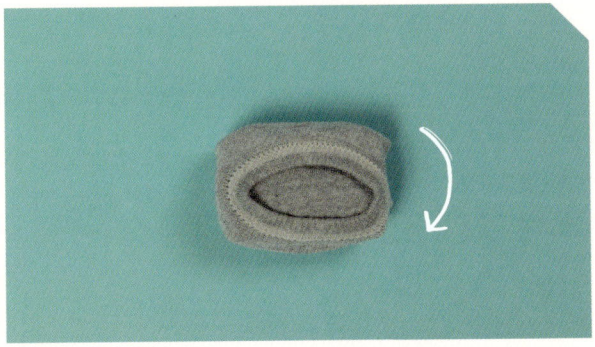

5 Die Öffnung der unteren Socke von oben über den gefalteten Teil stülpen, damit ein Bündel entsteht.

Strümpfe

1 Die Strümpfe mit den Sohlen nach unten auf einen glatten Untergrund legen.

2 Einen Strumpf auf den anderen legen, sodass er den darunterliegenden zu zwei Dritteln verdeckt.

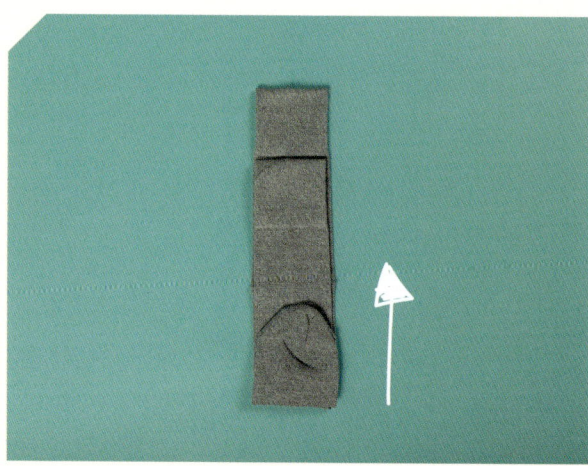

3 Den oberen Strumpf um ein Drittel nach oben umschlagen.

> **Tipp**
>
> *Vermutlich hat man Ihnen beigebracht, Socken auf andere Weise aufzurollen, doch mit dieser Methode werden sie schön flach, das Gummiband leiert nicht aus, und man erhält ein hübsches, kleines Päckchen.*

4 Den oberen Strumpf nochmals um ein Drittel nach oben umschlagen.

5 Den unteren, zusammen mit dem oberen Strumpf, nach oben falten.

6 Die Öffnung des unteren Strumpfes von oben über den gefalteten Teil stülpen, damit ein Bündel entsteht.

Feminin

Bauchfreies Tanktop

1 Das bauchfreie Tanktop mit der Rückseite auf einen glatten Untergrund legen.

2 Die rechte Seite zur Mitte einschlagen.

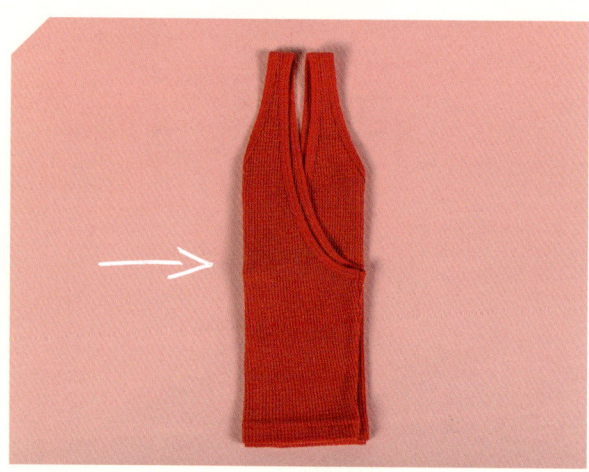

3 Die linke Seite über die rechte legen.

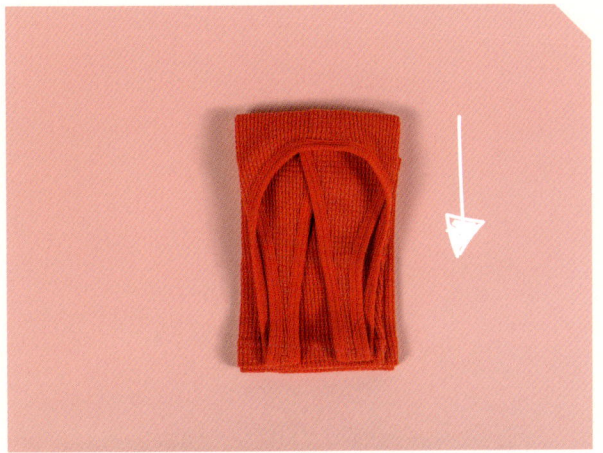

4 Das Top mittig, von oben nach unten, falten.

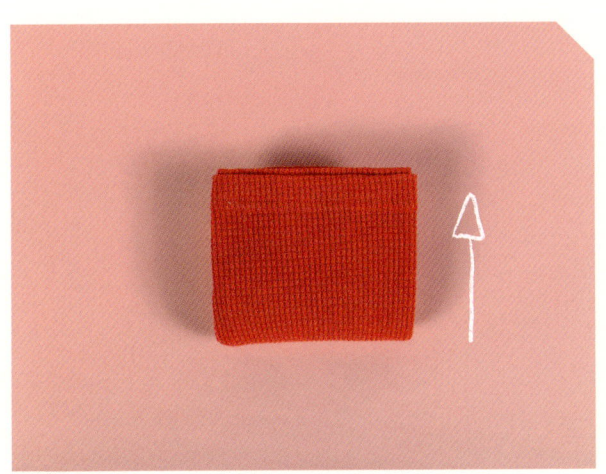

5 Nochmals mittig, von unten nach oben, falten.

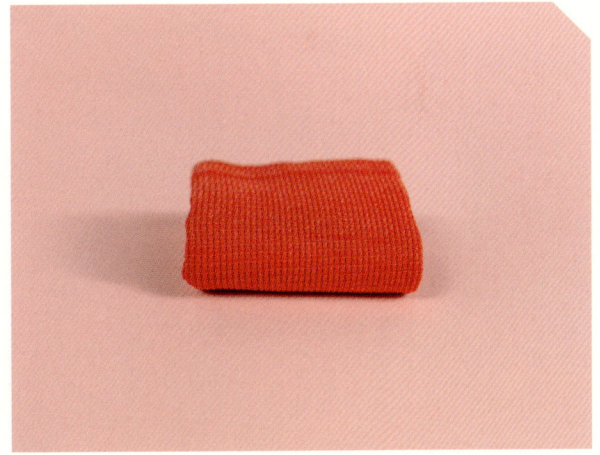

6 Das Top mit der runden Seite nach oben in einer Schublade verstauen.

Weites Tanktop

1 Das ausgestellte Tanktop mit der Rückseite auf einen glatten Untergrund legen.

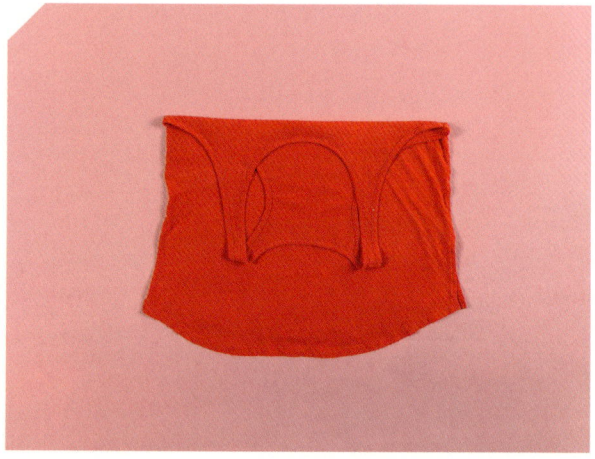

2 Die Träger auf Höhe der Achseln nach unten falten, damit oben ein gerader Abschluss entsteht.

5 Den Saum bis zur Mitte nach oben falten.

6 Den unteren Teil nochmals hochklappen, sodass er mit dem oberen Rand abschließt.

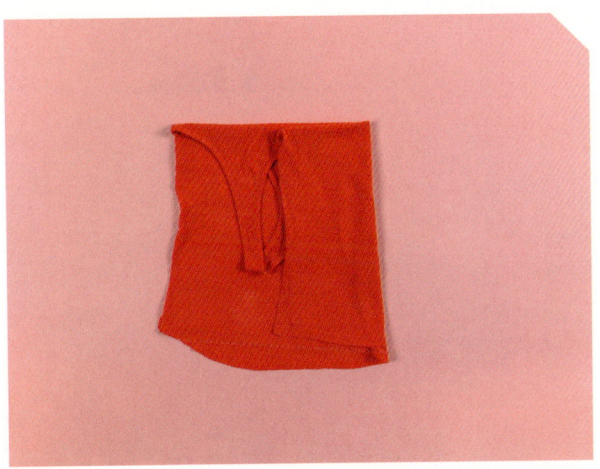

3 Die rechte Seite zur Mitte einschlagen.

4 Die linke Seite über die rechte legen.

7 Mit der runden Seite nach oben in einer Schublade verstauen.

Sport-Top

1 Das Sport-Top mit der Vorderseite auf einen glatten Untergrund legen.

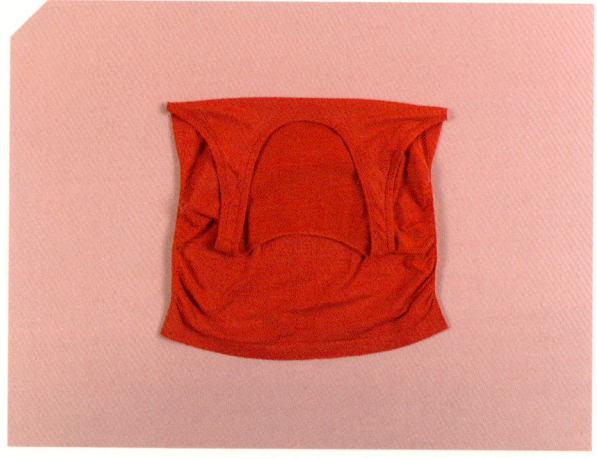

2 Die Träger auf Höhe der Achseln nach unten falten, damit oben ein gerader Abschluss entsteht.

5 Den Saum bis zur Mitte nach oben falten.

6 Den unteren Teil nochmals hochklappen, sodass er mit dem oberen Rand abschließt.

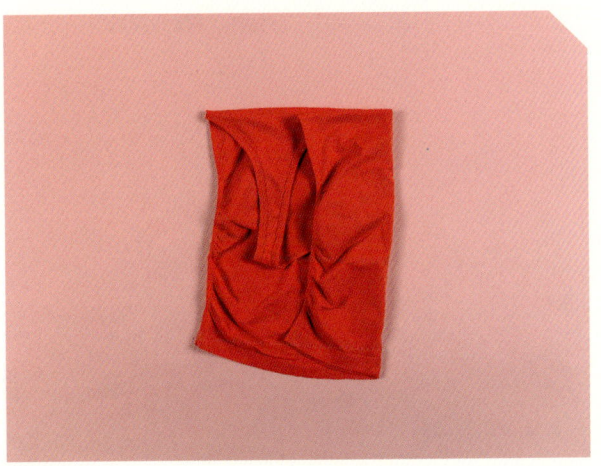

3 Die rechte Seite zur Mitte einschlagen.

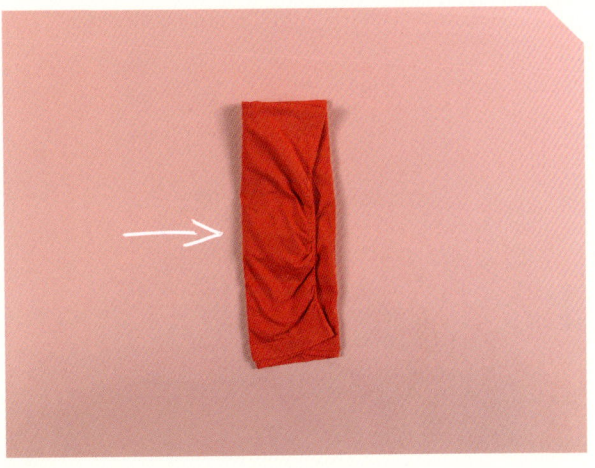

4 Die linke Seite über die rechte legen.

7 Mit der runden Seite nach oben in einer Schublade verstauen.

Bandeau-Top

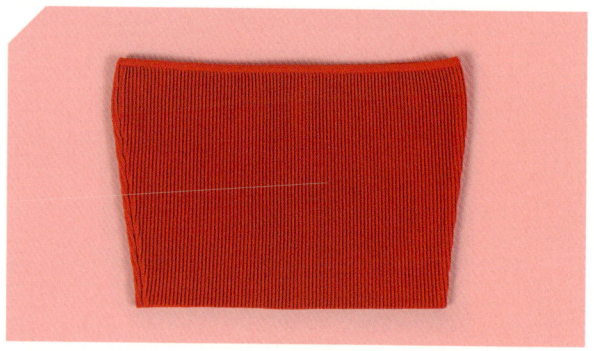

1 Das Bandeau-Top mit der Rückseite auf einen glatten Untergrund legen.

2 Die rechte Seite zur Mitte einschlagen.

3 Die linke Seite über die rechte legen.

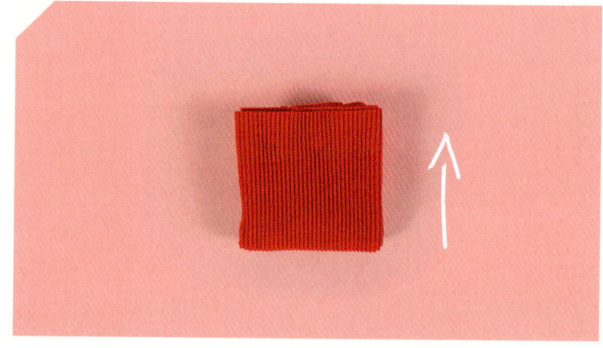

4 Mittig, von unten nach oben, falten.

5 Mit der runden Seite nach oben in einer Schublade verstauen.

Crop-Top

1 Das kurzärmlige, bauchfreie Top mit der Vorderseite auf einen glatten Untergrund legen.

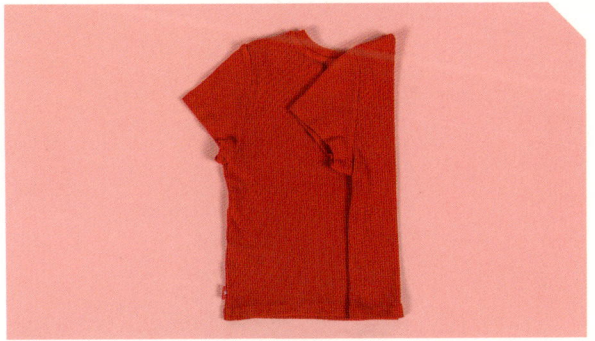

2 Die rechte Seite nach innen falten, sodass sie den Halsausschnitt rechts ein bisschen überlappt.

3 Die linke Seite auf dieselbe Weise nach innen falten.

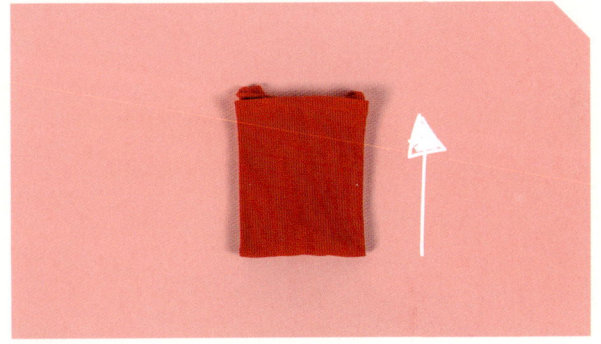

4 Mittig, von unten nach oben, falten.

5 Mit der runden Seite nach oben in einer Schublade verstauen.

Bauchfreies Sweatshirt

1 Das bauchfreie Sweatshirt mit der Vorderseite auf einen glatten Untergrund legen.

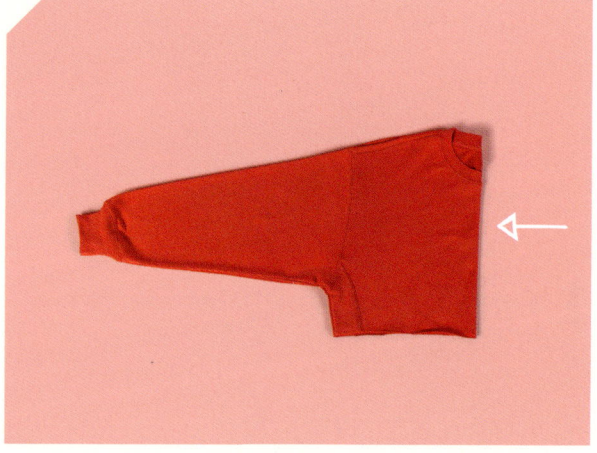

2 In der Mitte, von rechts nach links, falten. Dabei darauf achten, dass die Ärmel genau übereinanderliegen.

5 Den Saum bis zur Mitte nach oben falten.

6 Den unteren Teil nochmals hochklappen, sodass er mit dem Ausschnitt abschließt.

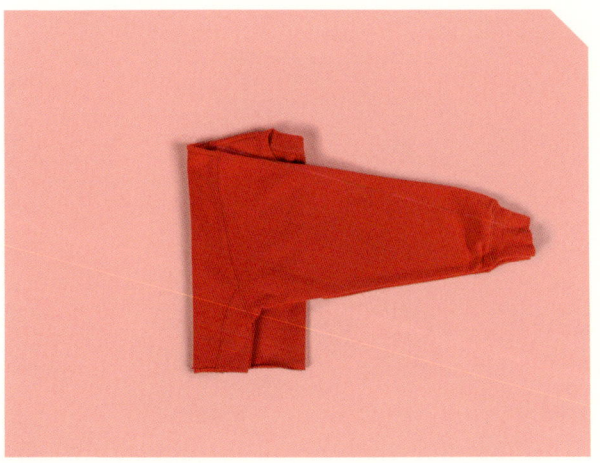

3 Nun die linke Seite wieder zur Hälfte nach rechts umschlagen.

4 Die Ärmel zurückschlagen und auf Höhe des Ellenbogens nach unten umklappen, sodass sie mittig flach auf dem Sweatshirt aufliegen.

7 Mit der runden Seite nach oben in einer Schublade verstauen.

Tipp

Bei Kapuzensweatshirts werden Sweatshirt und Kapuze in Schritt 2 zunächst in der Mitte gefaltet; dann die Kapuze nach unten klappen und Kordeln, sofern vorhanden, darüberlegen.

Kurze Hose

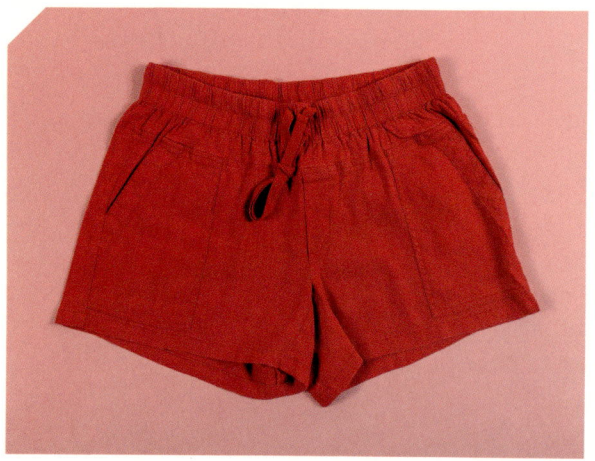

1 Die kurze Hose mit der Rückseite auf einen glatten Untergrund legen.

2 In der Mitte, von rechts nach links, falten.

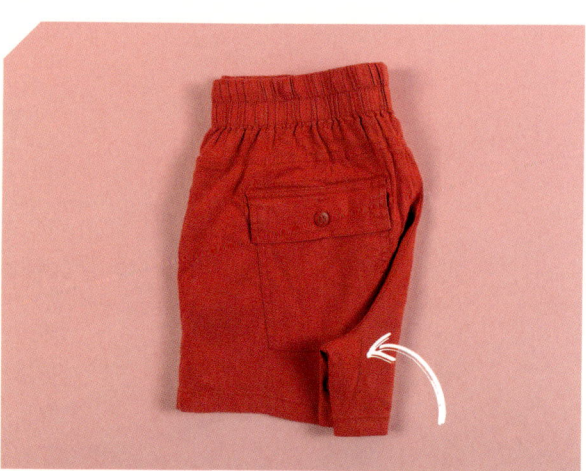

3 Sehen Sie das kleine Dreieck auf Höhe des Gesäßes? Ich nenne es „Popoeck". Indem Sie es umklappen, erzielen Sie eine saubere, gerade Linie.

> **Tipp**
>
> *Soll die kurze Hose in einem Regal verstaut werden, dann in Schritt 4 den unteren Teil bis kurz unterhalb des Bunds nach oben falten und mit der runden Seite nach vorne in ein Regal legen.*

4 Den unteren Teil bis zur Mitte hochklappen.

5 Den unteren Teil nochmals nach oben falten, sodass er mit dem Bund abschließt.

6 Die Hose mit der runden Seite nach oben in einer Schublade verstauen. Für die Aufbewahrung in einem Regal: siehe oben (Tipp).

Radlerhose

1 Die Radlerhose mit der Rückseite auf einen glatten Untergrund legen.

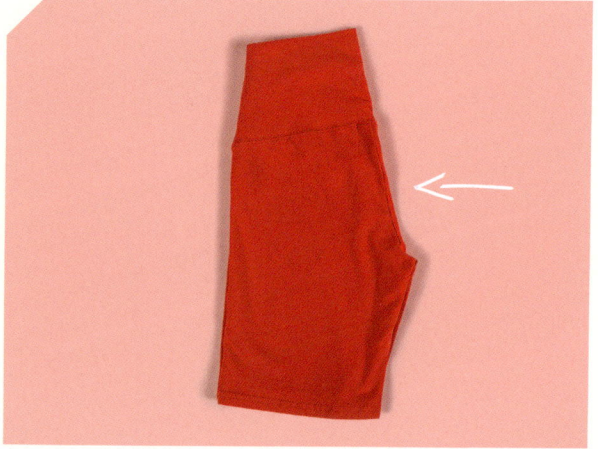

2 Die rechte über die linke Seite legen.

3 Sehen Sie das kleine Dreieck auf Höhe des Gesäßes? Ich nenne es „Popoeck". Indem Sie es umklappen, erzielen Sie eine saubere, gerade Linie.

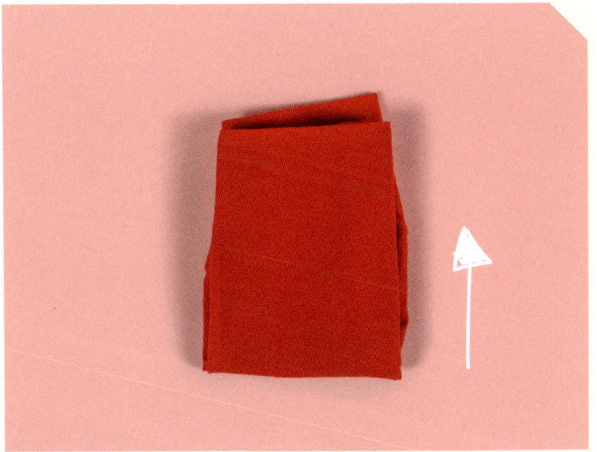

4 Den unteren Teil bis kurz unterhalb des Bunds nach oben falten.

5 Mittig, von unten nach oben, falten.

6 Mit der runden Seite nach oben in einer Schublade verstauen.

Leggins

1 Die Leggins mit der Rückseite auf einen glatten Untergrund legen.

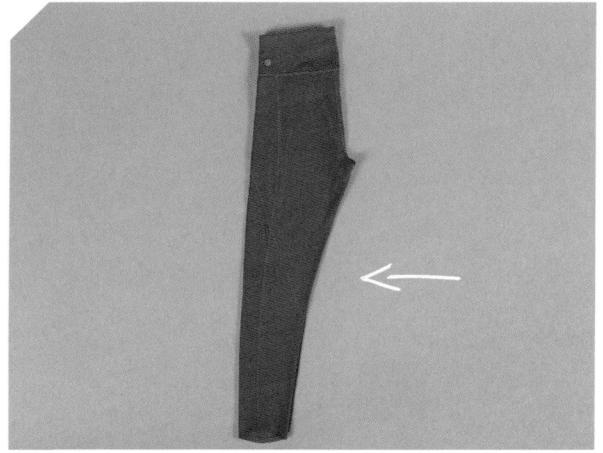

2 In der Mitte, von rechts nach links, falten.

5 Nun den unteren Teil der Leggins bis zur Mitte hochklappen.

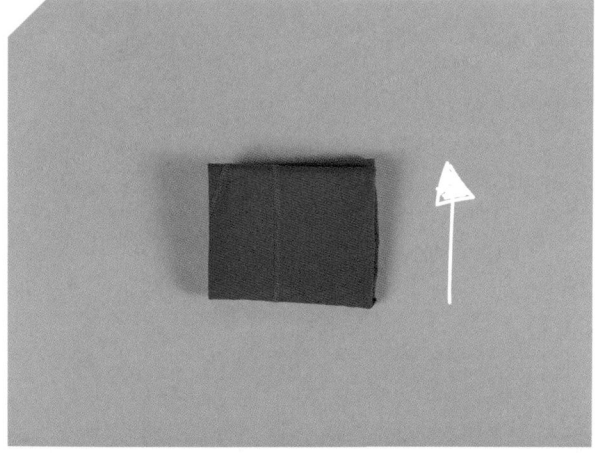

6 Den unteren Teil nochmals hochklappen, sodass er mit dem Bund abschließt.

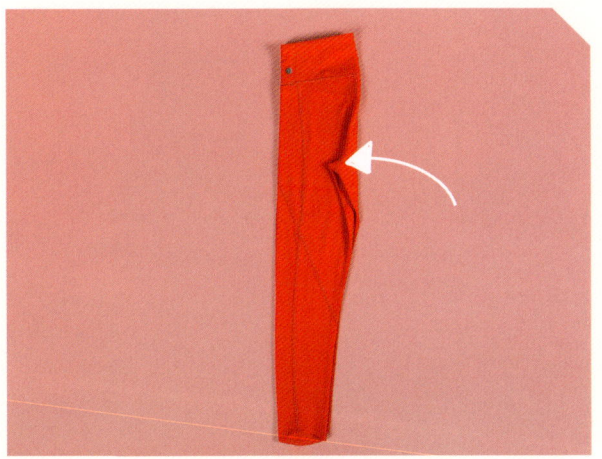

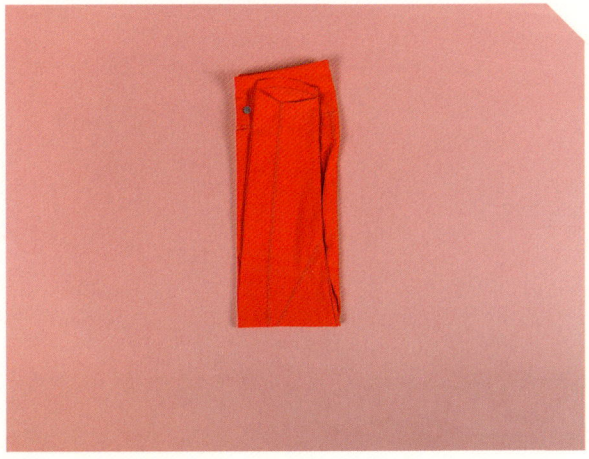

3 Sehen Sie das kleine Dreieck auf Höhe des Gesäßes? Ich nenne es „Popoeck". Indem Sie es umklappen, erzielen Sie eine saubere, gerade Linie.

4 Die Beine bis kurz unterhalb des Bunds nach oben falten.

7 Mit der runden Seite nach oben in einer Schublade verstauen.

Rock

1 Den Rock mit der Rückseite auf einen glatten Untergrund legen.

2 Die rechte Seite zur Mitte einschlagen.

5 So entsteht am Bund eine Art Tasche.

6 Den unteren Teil des Rockes in die Tasche stecken.

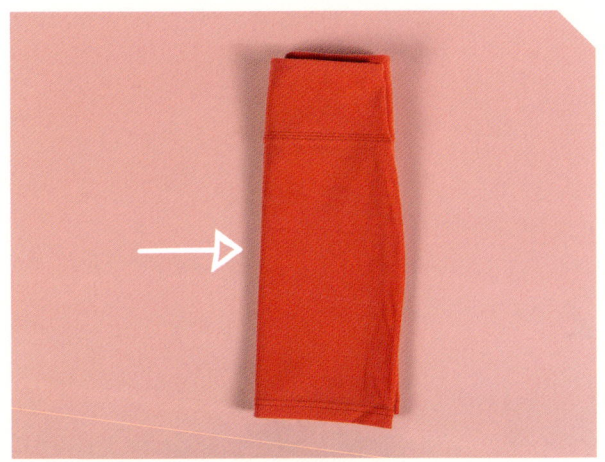

3 Die linke Seite über die rechte legen.

4 Den Bund nach unten umschlagen.

7 Mit der Taschenöffnung nach unten in einer Schublade verstauen.

Tipp

Falls der Stoff schnell knittert, hängen Sie den Rock lieber auf einen Bügel, anstatt ihn zu falten. Eine weitere Möglichkeit, einen Rock zu falten, wird auf Seite 68 vorgestellt.

Rock (Variante)

1 Den Rock mit der Rückseite auf einen glatten Untergrund legen.

2 Die rechte Seite zur Mitte einschlagen.

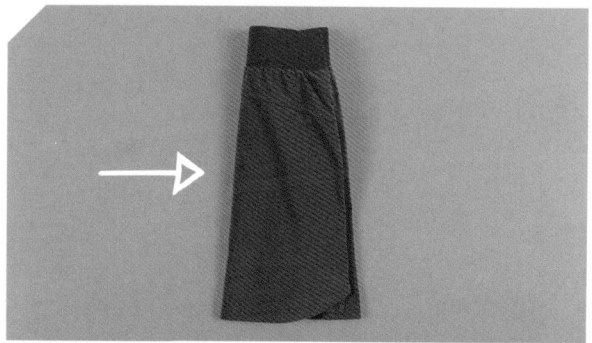

3 Die linke Seite über die rechte legen.

4 Den Saum bis zur Mitte hochklappen.

5 Den unteren Teil nochmals nach oben falten, sodass er mit dem Bund abschließt.

6 Mit der runden Seite nach oben in einer Schublade verstauen.

Pyjama-Set

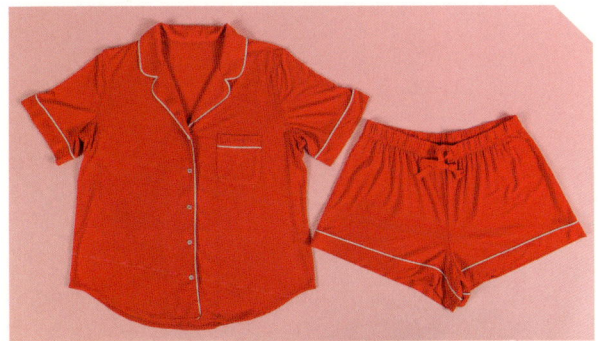

1 Zunächst die kurze Pyjamahose mit der Rückseite auf einen glatten Untergrund legen.

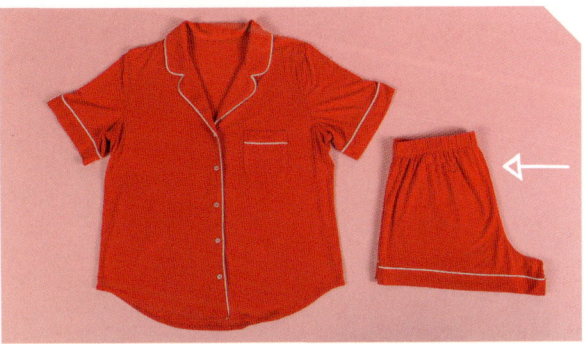

2 In der Mitte, von rechts nach links, falten.

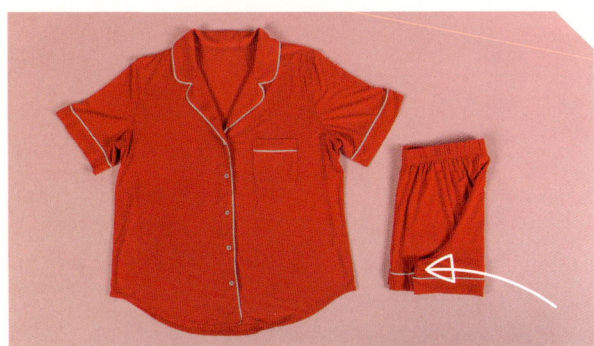

3 Sehen Sie das kleine Dreieck auf Höhe des Gesäßes? Ich nenne es „Popoeck". Indem Sie es umklappen, erzielen Sie eine saubere, gerade Linie.

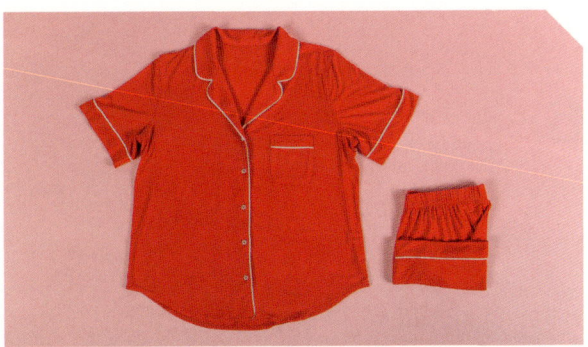

4 Den unteren Teil bis zur Mitte hochklappen.

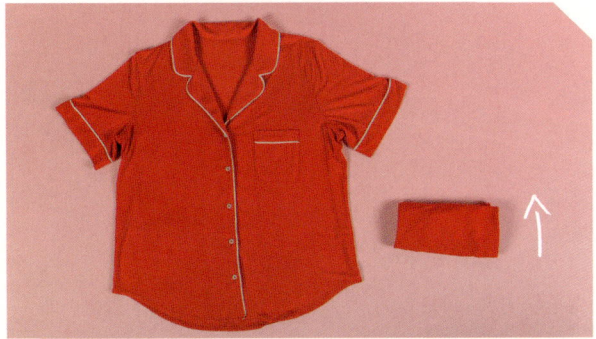

5 Den unteren Teil nochmals hochklappen, sodass er mit dem Bund abschließt. Beiseitelegen.

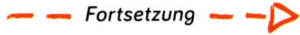

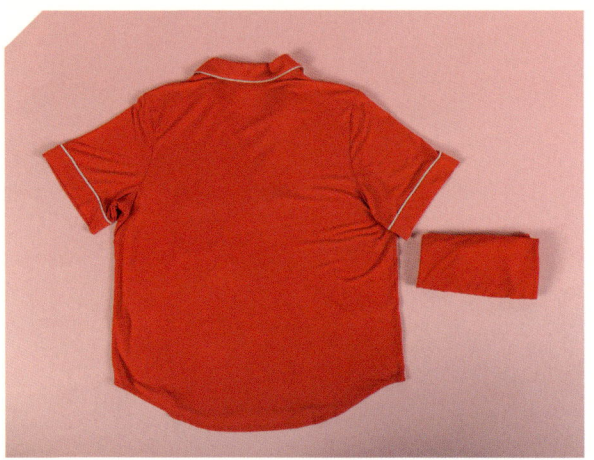

6 Als Nächstes das Pyjamaoberteil mit der Vorderseite auf einen glatten Untergrund legen.

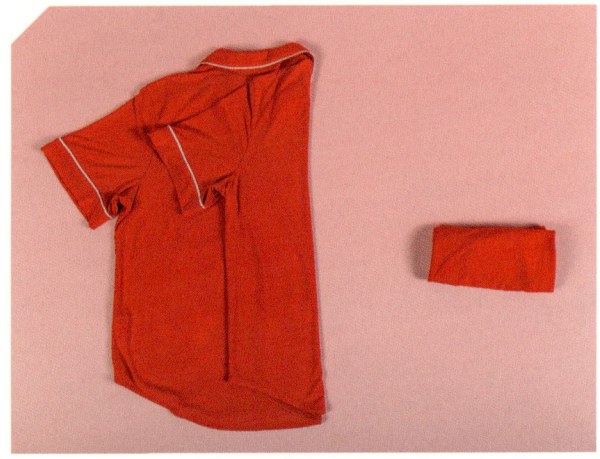

7 Die rechte Seite zur Mitte einschlagen.

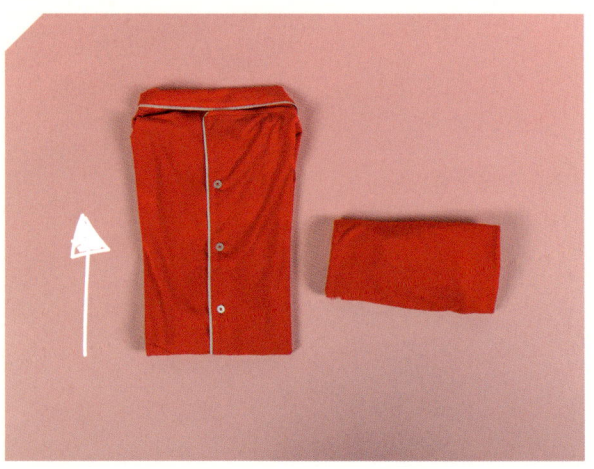

10 Den Saum nach oben falten, bis kurz unterhalb des Kragens.

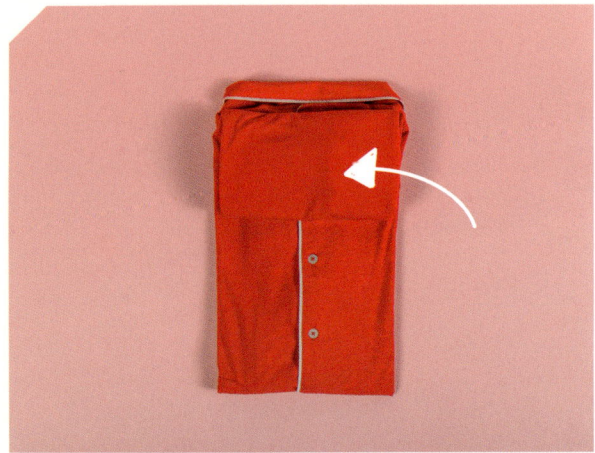

11 Die gefaltete Hose unterhalb des Kragens auf das Oberteil legen.

> **Tipp**
>
> *Aus einem zweiteiligen Pyjama – ob mit langen oder kurzen Ärmeln und Beinen – wird ein Päckchen gefaltet! Je nach Schnitt von Oberteil und Hose wendet man dazu einfach die passende Faltmethode aus diesem Buch an, und folgt dann Schritt 10 und 11, um beide Teile ineinander zu falten.*

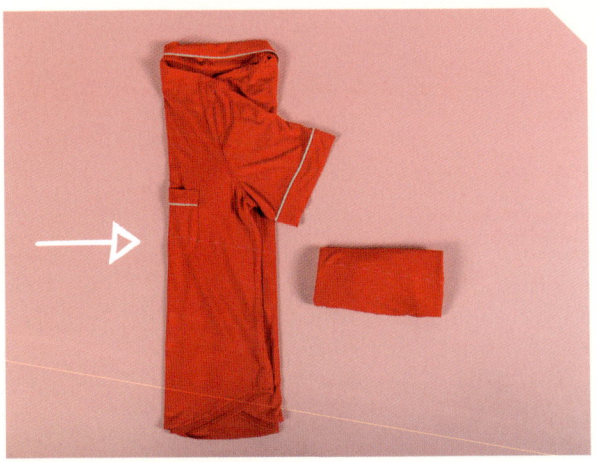

8 Die linke Seite über die rechte legen.

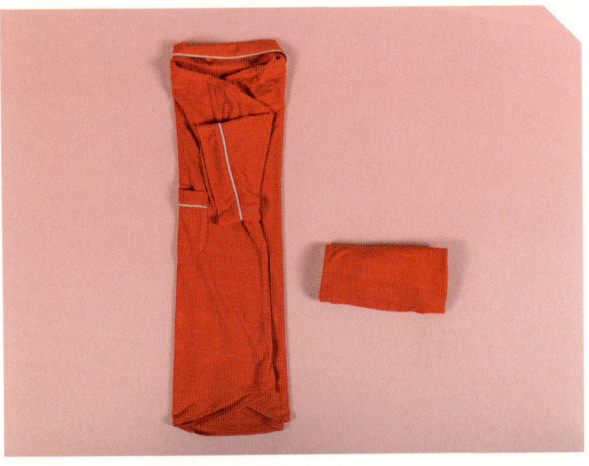

9 Den linken Ärmel zurückschlagen, sodass er mittig flach auf dem Oberteil aufliegt.

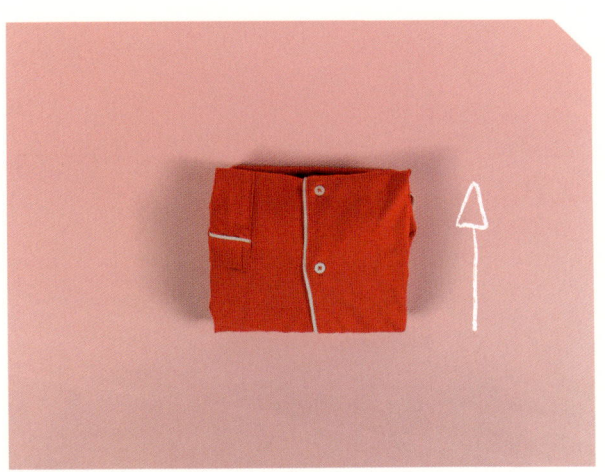

12 Mittig, von unten nach oben, falten und dabei die Hose einschlagen.

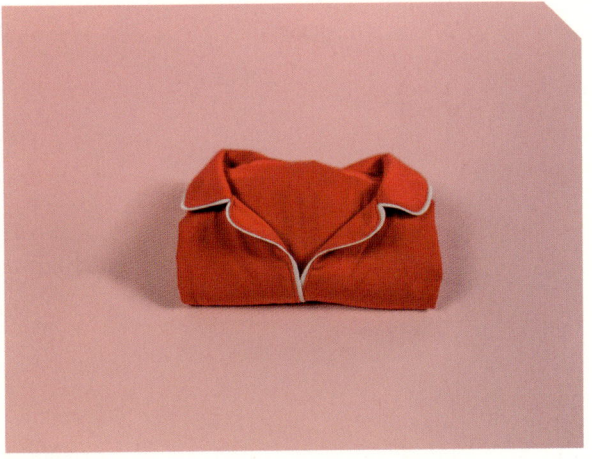

13 Das Ganze mit der runden Seite nach oben in einer Schublade verstauen.

Nachthemd

1 Das Nachthemd mit der Vorderseite auf einen glatten Untergrund legen.

2 In der Mitte, von rechts nach links, falten.

5 Den oberen Teil bis zur Mitte nach unten umschlagen.

6 Den unteren Teil über den oberen klappen.

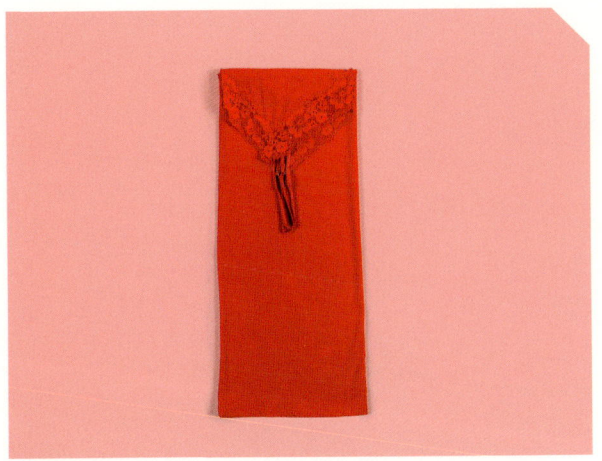

3 Träger und Brustteil des Nachthemds nach unten falten, damit oben ein gerader Abschluss entsteht.

4 Mittig, von oben nach unten, falten.

7 In der Mitte, von rechts nach links, falten.

8 Mit der runden Seite nach oben in einer Schublade verstauen.

Body

1 Den Body mit der Vorderseite auf einen glatten Untergrund legen.

2 Den unteren Teil nach oben falten, damit ein gerader Abschluss entsteht.

5 Die linke über die rechte Seite legen.

6 Mittig, von unten nach oben, falten.

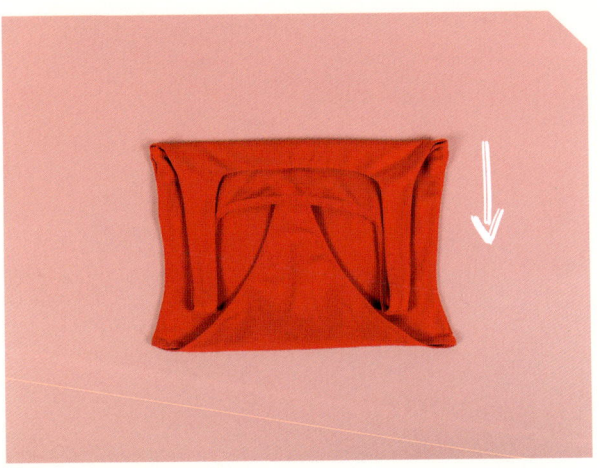

3 Die Träger auf Höhe der Achseln nach unten falten, damit oben ein gerader Abschluss entsteht.

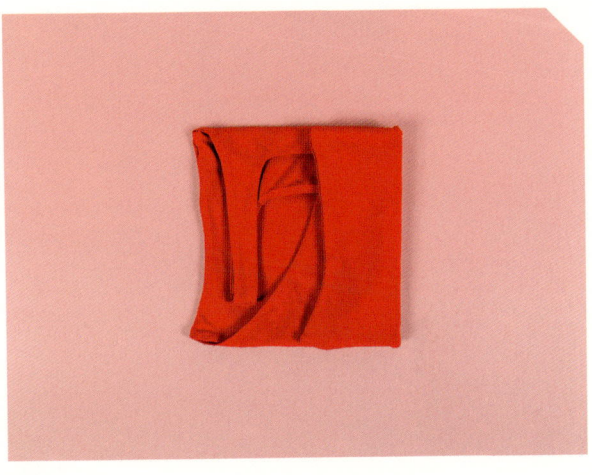

4 Die rechte Seite zur Mitte einschlagen.

7 Mit der runden Seite nach oben in einer Schublade verstauen.

Tipp

Diese Faltmethode lässt sich, je nach Länge der Ärmel, variieren. Bei einem Body mit Ärmeln werden diese in Schritt 1 nach innen gefaltet, sodass sie flach in der Mitte des Bodys aufliegen.

Badeanzug

1 Den Badeanzug mit der Vorderseite nach unten auf einen glatten Untergrund legen.

2 Den unteren Teil nach oben falten, damit unten ein gerader Abschluss entsteht.

3 Die Träger auf Höhe der Achseln nach unten falten, damit oben ein gerader Abschluss entsteht.

> **Tipp**
>
> *Diese Faltmethode lässt sich, je nach Länge der Ärmel, variieren. Ganz gleich, wie Ihr Badeanzug geschnitten ist – Ziel ist es, ihn in Schritt 3 möglichst in eine rechteckige Form zu bringen, damit er sich leichter zusammenfalten lässt.*

4 Die rechte Seite zur Mitte einschlagen.

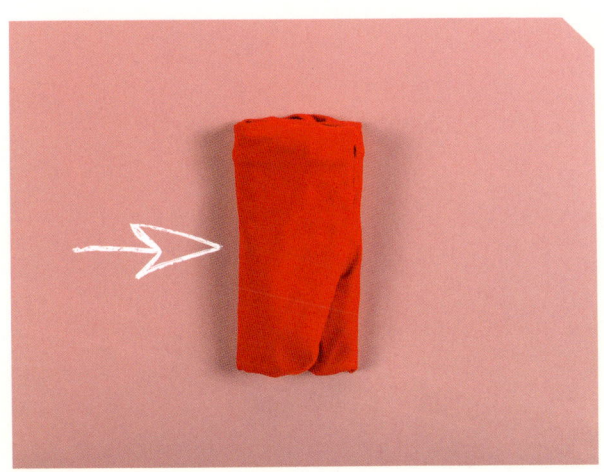

5 Die linke über die rechte Seite legen.

6 Mittig, von unten nach oben, falten. Mit der runden Seite nach oben in einer Schublade verstauen.

Bikini

1 Zunächst die Bikinihose mit der Rückseite auf einen glatten Untergrund legen.

2 Die rechte Seite zur Mitte einschlagen.

5 Am Bund entsteht so eine Art Tasche (siehe das Foto zu Schritt 4 auf Seite 187). Den unteren Teil der Hose in die Tasche stecken. Beiseitelegen.

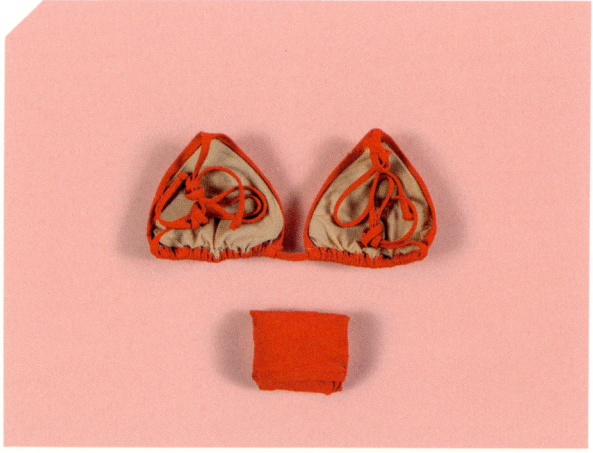

6 Als Nächstes das Bikinioberteil mit der Vorderseite auf einen glatten Untergrund legen. Die Träger jeweils lose verknoten und in die Körbchen legen.

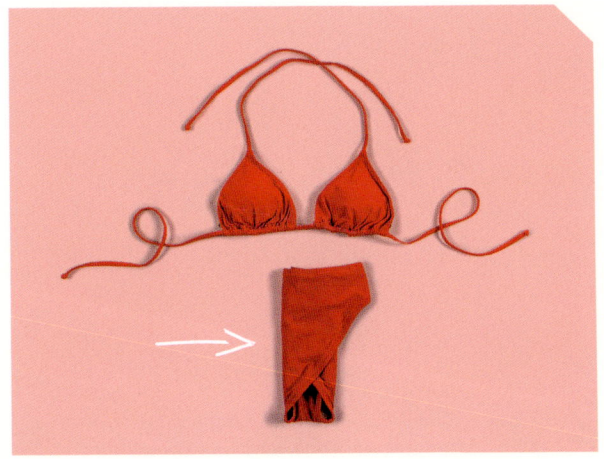

3 Die linke Seite über die rechte legen, sodass sie diese oben etwas überlappt.

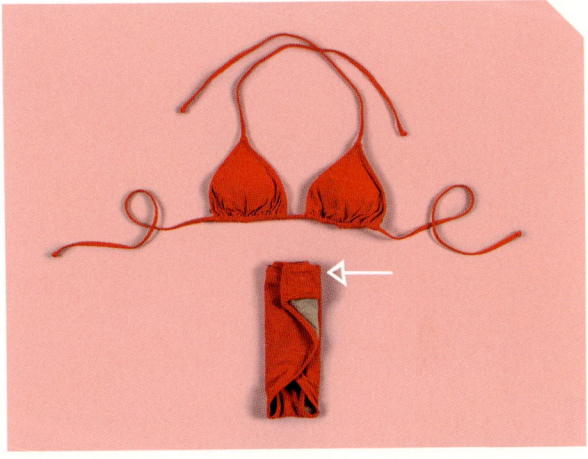

4 Nun den oberen Teil der linken Seite wieder zurückschlagen, sodass er mit der rechten Seite abschließt.

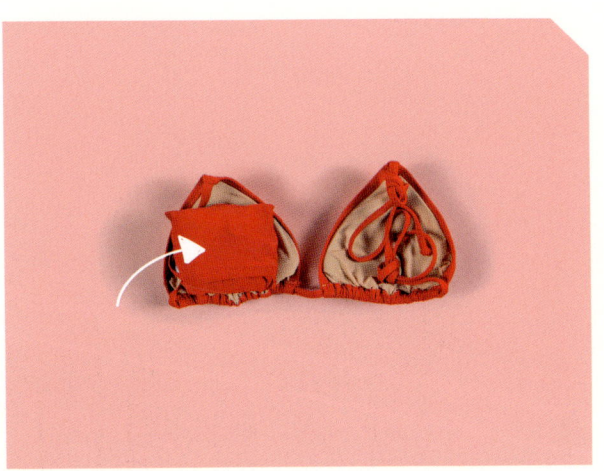

7 Die gefaltete Bikinihose in das linke Körbchen legen.

8 Das rechte Körbchen über das linke legen, sodass ein Bikini-Sandwich entsteht. Den Bikini mit der Vorderseite nach oben in einer Schublade verstauen.

Bralette

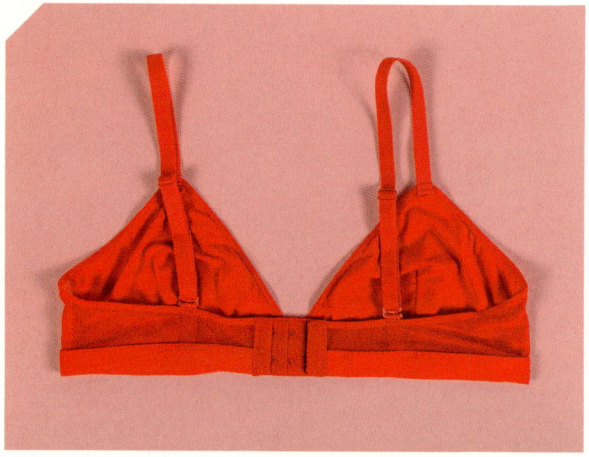

1 Den Verschluss schließen und das Bralette mit der Vorderseite auf einen glatten Untergrund legen.

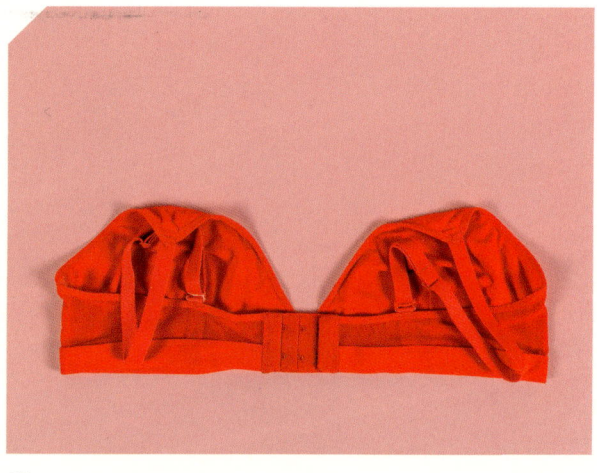

2 Träger und obere Enden der Körbchen nach unten falten, damit diese oben jeweils einen geraden Abschluss haben. Die Träger in die Körbchen legen.

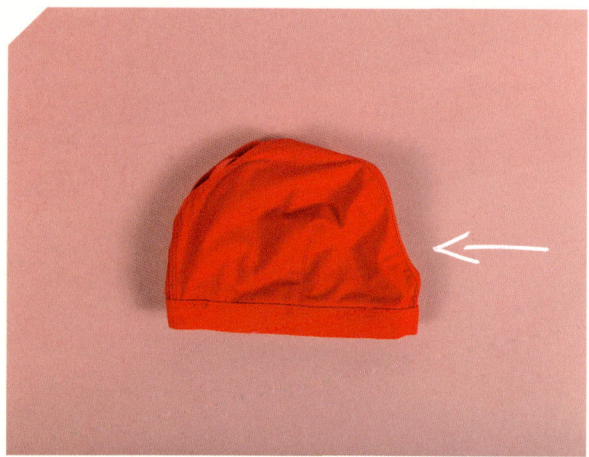

3 Das rechte Körbchen über das linke legen.

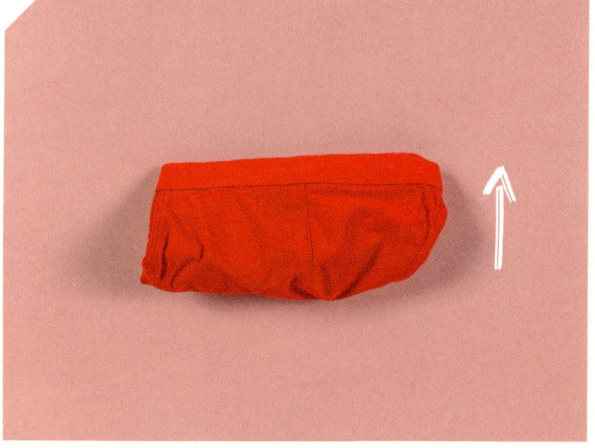

4 Mittig, von unten nach oben, falten. Mit der runden Seite nach oben in einer Schublade verstauen.

Tipp

Anstatt BHs wie diesen aufrecht in eine Schublade zu stellen, kann man sie auch liegend in einer Reihe aufbewahren. Dabei überlappen sie sich ein wenig, sodass jeder BH gut zu sehen ist.

Wattierter BH

1 Den Verschluss schließen und den wattierten BH mit der Vorderseite auf einen glatten Untergrund legen. Die Träger in die Körbchen legen.

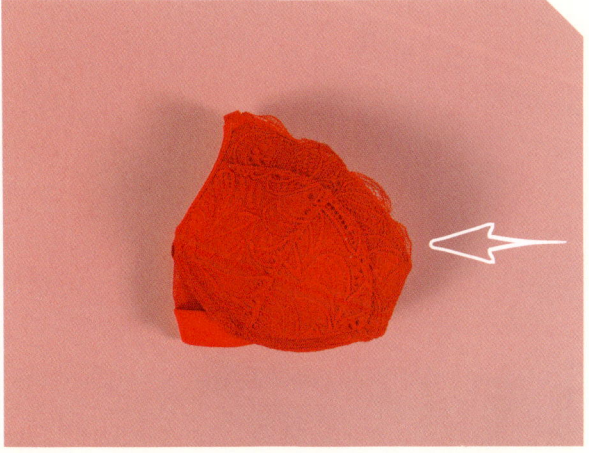

2 Das rechte Körbchen über das linke legen.

3 Das linke Körbchen eindrücken, sodass es in das rechte Körbchen gebettet ist.

4 Den BH mit der Vorderseite nach oben in einer Schublade verstauen.

Tipp

Wenn Sie Ihre BHs schonen wollen, können Sie sie, anstatt sie zu falten, auch flach übereinanderlegen. Doch um Platz zu sparen, ist diese Faltmethode am besten geeignet.

Sport-BH (breite Träger)

1 Den Sport-BH mit der Vorderseite auf einen glatten Untergrund legen.

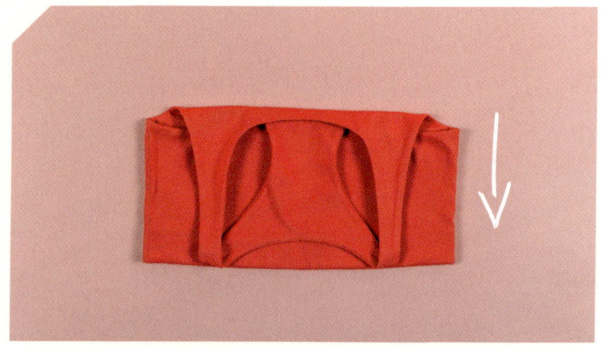

2 Mittig, von unten nach oben, falten.

3 Die rechte Seite zur Mitte einschlagen.

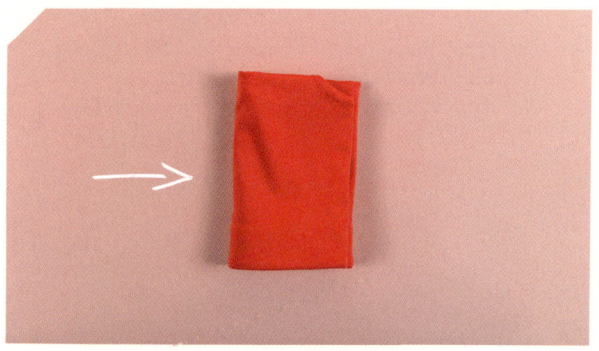

4 Die linke über die rechte Seite legen.

5 Mit der runden Seite nach oben in einer Schublade verstauen.

Tipp

Anstatt BHs wie diesen aufrecht in eine Schublade zu stellen, kann man sie auch liegend in einer Reihe aufbewahren. Dabei überlappen sie sich ein wenig, sodass jeder BH gut zu sehen ist.

Sport-BH (schmale, verstellbare Träger)

1 Den Sport-BH mit der Vorderseite auf einen glatten Untergrund legen.

2 Träger und obere Enden der Körbchen nach unten falten, damit diese oben jeweils einen geraden Abschluss haben.

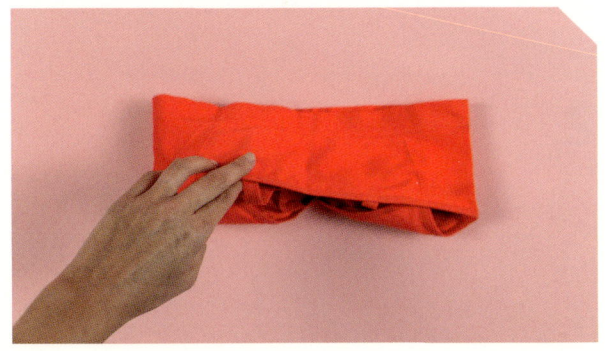

3 Die Träger in die Körbchen legen.

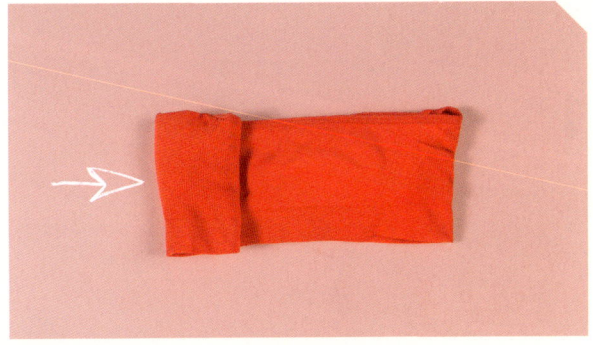

4 Die linke Seite um ein Drittel nach innen einschlagen.

5 Nochmals die linke Seite um ein Drittel einschlagen.

6 Die linke Seite einschlagen, sodass sie mit der rechten Seite abschließt. Den BH mit der runden Seite nach oben in einer Schublade verstauen.

Slip

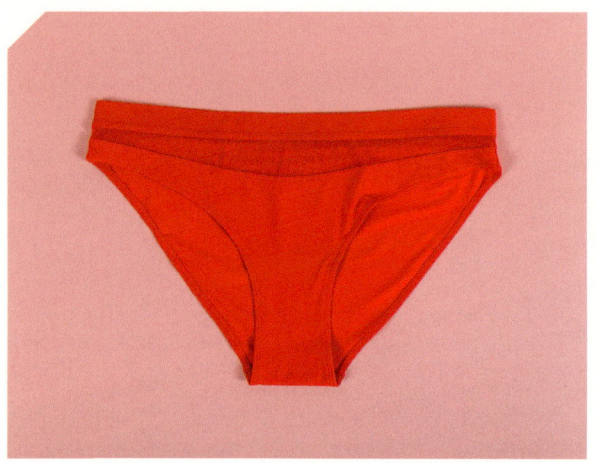

1 Den Slip mit der Rückseite auf einen glatten Untergrund legen.

2 Die rechte Seite zur Mitte einschlagen.

5 Nun den oberen Teil der linken Seite wieder zurückschlagen, sodass er mit der rechten Seite abschließt.

6 Am Bund entsteht so eine Art Tasche (siehe das Foto zu Schritt 4 auf Seite 187). Den unteren Teil des Slips in die Tasche stecken.

3 Den oberen Teil der rechten Seite wieder bis zur Mitte zurückschlagen.

4 Die linke über die rechte Seite legen, sodass sie diese oben etwas überlappt.

7 Mit der Taschenöffnung nach unten in einer Schublade verstauen.

Tanga

1 Den Tanga mit der Vorderseite auf einen glatten Untergrund legen.

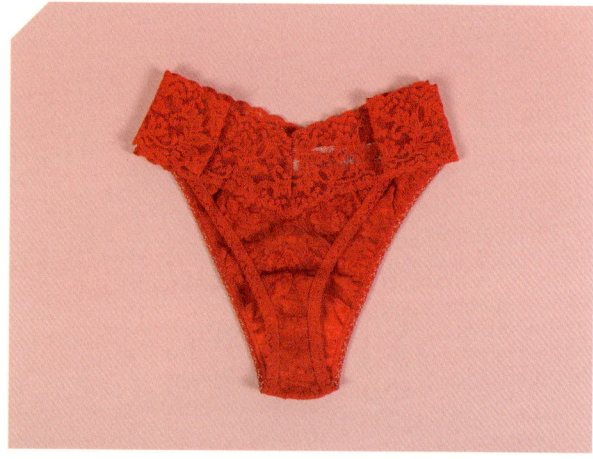

2 Den Bund auf beiden Seiten nach innen umschlagen, sodass er seitlich mit den Beinausschnitten abschließt.

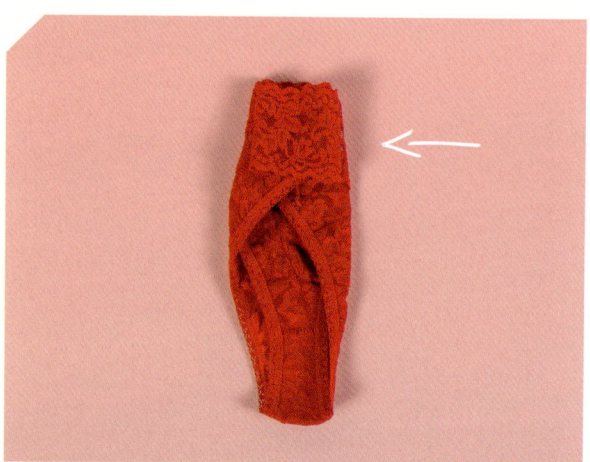

5 Den Bund nach hinten umschlagen.

6 Oben entsteht eine Art Tasche.

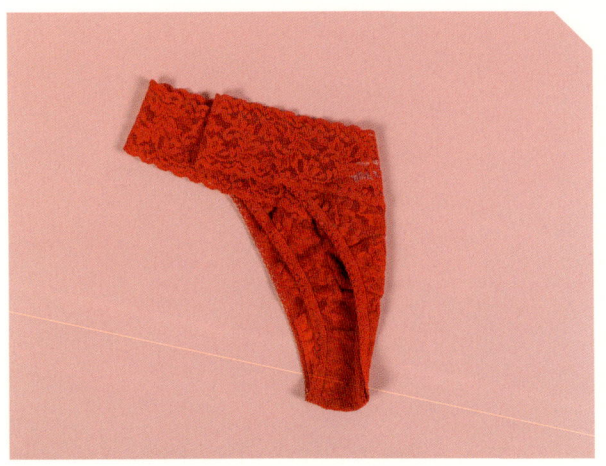

3 Die rechte Seite zur Mitte einschlagen.

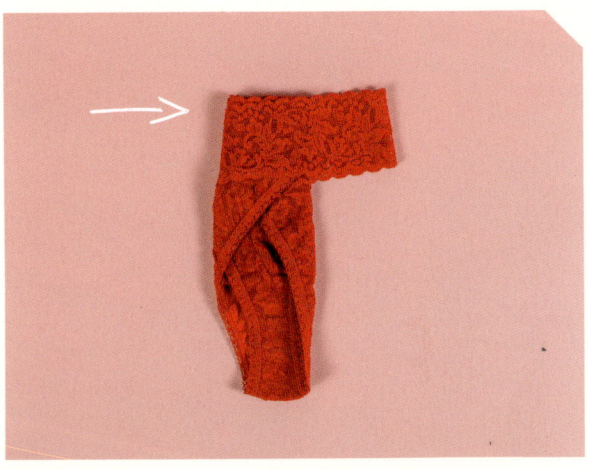

4 Die linke Seite auf dieselbe Weise nach innen falten, sodass sie die rechte Seite oben etwas überlappt.

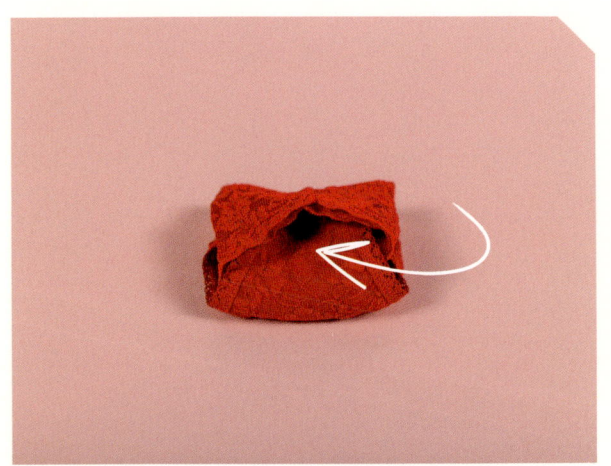

7 Den unteren Teil in die Tasche stecken.

8 Mit der Taschenöffnung nach unten in einer Schublade verstauen.

Maskulin

Poloshirt
90

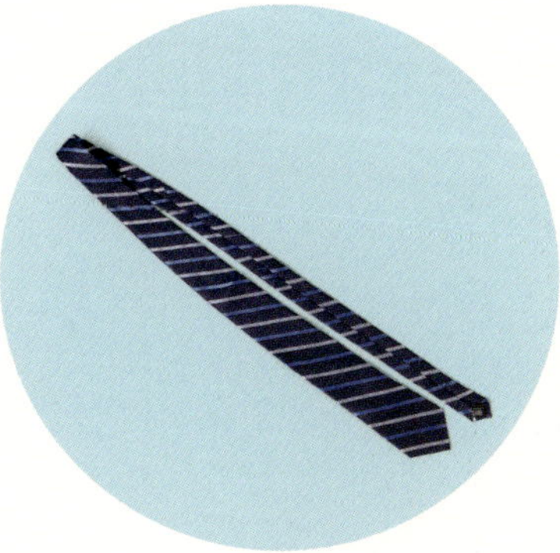

Krawatte
92

Kurze Hose
93

Badeshorts
94

Pyjamahose
96

Boxershorts (weit)
98

Boxershorts (eng)
99

Poloshirt

1 Das Poloshirt mit der Vorderseite auf einen glatten Untergrund legen.

2 Die rechte Seite nach innen falten, sodass sie den Kragen rechts ein bisschen überlappt.

3 Die linke Seite auf dieselbe Weise nach innen falten. Den linken Arm zurückschlagen, falls er die rechte Seite überlappt.

> **Tipp**
>
> *Zugeknöpft lässt sich das Shirt einfacher falten. Dazu können Sie entweder alle Knöpfe zuknöpfen oder nur den obersten Knopf.*

4 Den Saum bis zur Mitte nach oben umschlagen.

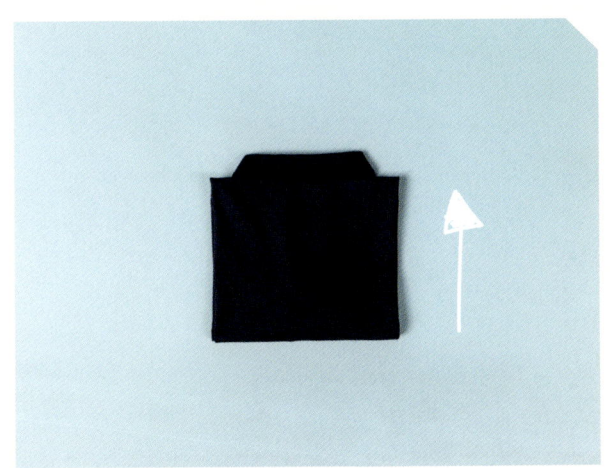

5 Den unteren Teil nochmals nach oben falten, bis kurz unterhalb des Kragens.

6 Damit der Kragen nicht zerknittert, das Hemd so in ein Regal legen, dass seine Vorderseite nach oben und die runde Seite nach vorne zeigt.

Krawatte

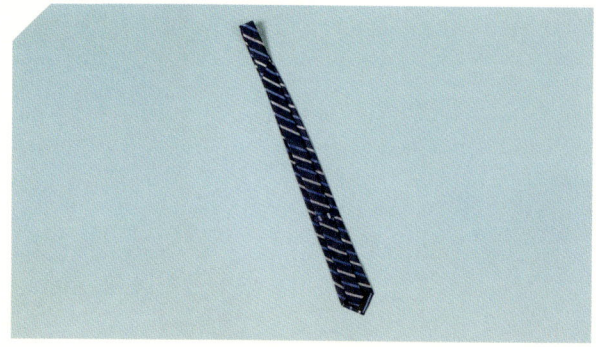

1 Die Krawatte mit der Vorderseite auf einen glatten Untergrund legen. Mittig, von oben nach unten, falten und die Rückseite durch die Schlaufe hinten auf der Krawatte ziehen, damit nichts mehr verrutschen kann.

2 Mittig, von oben nach unten, falten.

3 Den oberen Teil bis zur Mitte nach unten falten.

4 Den oberen Teil nach unten klappen, sodass er mit dem unteren Teil abschließt.

5 Die Krawatte mit der runden Seite (ohne das spitze Ende) nach oben in einer Schublade verstauen.

Kurze Hose

1 Die kurze Hose mit der Rückseite auf einen glatten Untergrund legen.

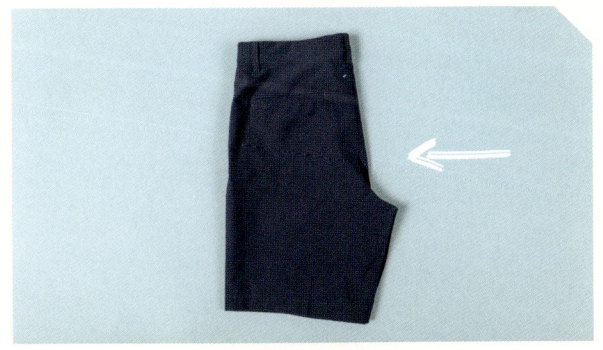

2 In der Mitte, von rechts nach links, falten.

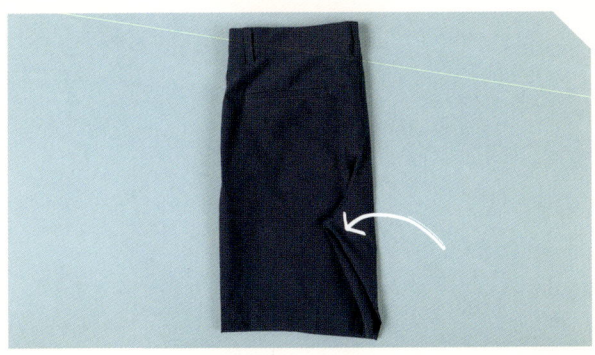

3 Sehen Sie das kleine Dreieck auf Höhe des Gesäßes? Ich nenne es „Popoeck". Indem Sie es umklappen, erzielen Sie eine saubere, gerade Linie.

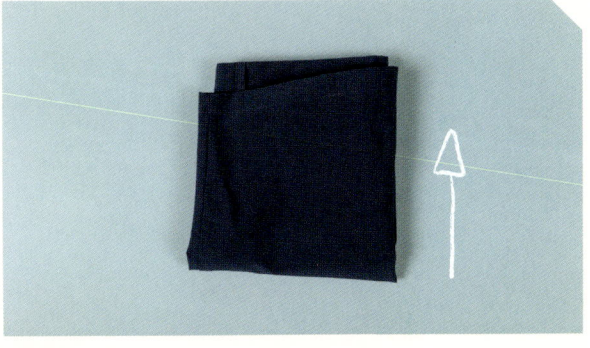

4 Die Beine bis kurz unterhalb des Bunds nach oben falten.

5 Mit der runden Seite nach vorne in ein Regal legen. Für die Aufbewahrung in einer Schublade siehe rechts (Tipp).

Tipp
Wenn die kurze Hose in einer Schublade verstaut werden soll, nutzen Sie die Faltmethode für Badeshorts auf Seite 94.

Badeshorts

1 Die Badeshorts mit der Rückseite auf einen glatten Untergrund legen.

2 In der Mitte, von rechts nach links, falten.

3 Sehen Sie das kleine Dreieck auf Höhe des Gesäßes? Ich nenne es „Popoeck". Indem Sie es umklappen, erzielen Sie eine saubere, gerade Linie.

4 Die Beine bis zur Mitte nach oben umschlagen.

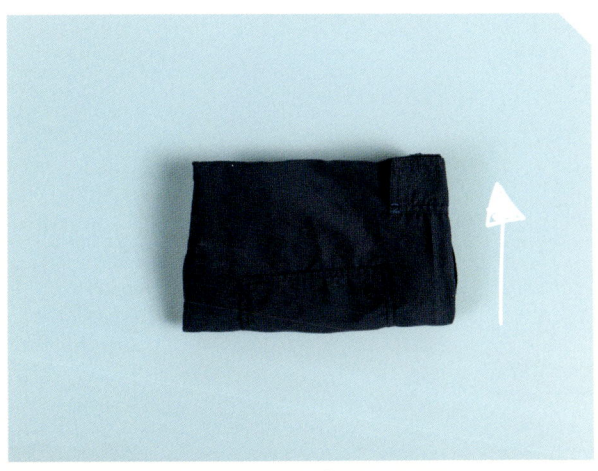

5 Die Beine nochmals nach oben falten, sodass sie mit dem Bund abschließen.

6 Mit der runden Seite nach oben in einer Schublade verstauen.

Pyjamahose

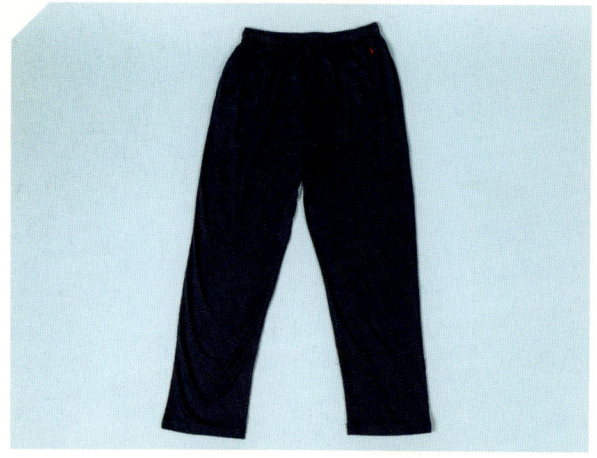

1 Die Pyjamahose mit der Rückseite auf einen glatten Untergrund legen.

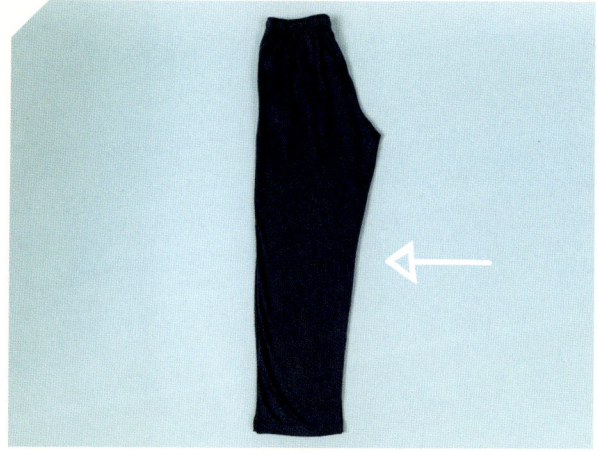

2 Die rechte über die linke Seite legen.

5 Den unteren Teil der Pyjamahose bis zur Mitte nach oben umschlagen.

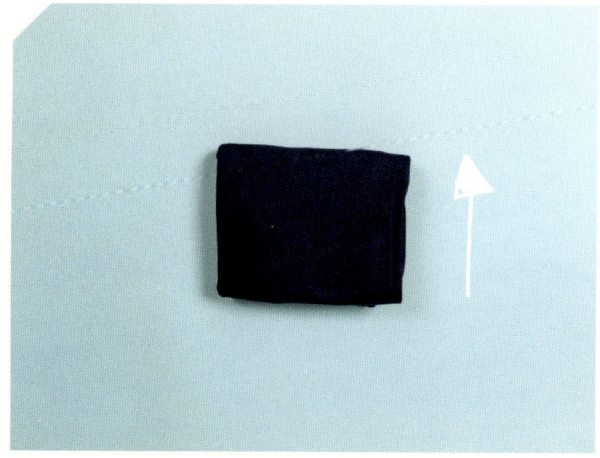

6 Den unteren Teil nochmals bis kurz unterhalb des Bunds nach oben falten.

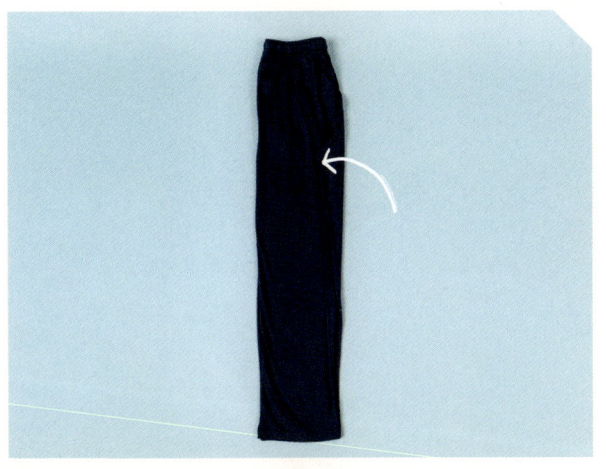

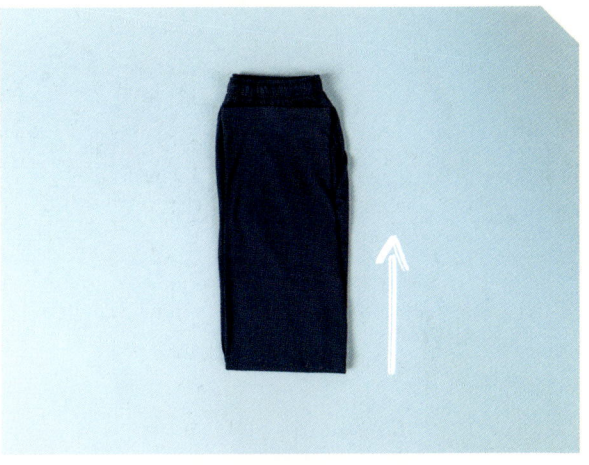

3 Sehen Sie das kleine Dreieck auf Höhe des Gesäßes? Ich nenne es „Popoeck". Indem Sie es umklappen, erzielen Sie eine saubere, gerade Linie.

4 Die Beine bis kurz unterhalb des Bunds nach oben falten.

Tipp

Diese Faltmethode eignet sich auch für Sporthosen.

7 Mit der runden Seite nach oben in einer Schublade verstauen.

Boxershorts (weit)

1 Die Boxershorts mit der Rückseite auf einen glatten Untergrund legen.

2 Die rechte Seite zur Mitte einschlagen.

3 Die linke Seite über die rechte legen.

4 Die Boxershorts mit einer schnellen Bewegung umdrehen (Vertrauen Sie mir, das hilft.) So entsteht am Bund eine Art Tasche.

5 Die Beine in die Tasche stecken. Mit der Taschenöffnung nach unten in einer Schublade verstauen.

Boxershorts (eng)

1 Die Boxershorts mit der Rückseite auf einen glatten Untergrund legen.

2 Die rechte Seite zur Mitte einschlagen.

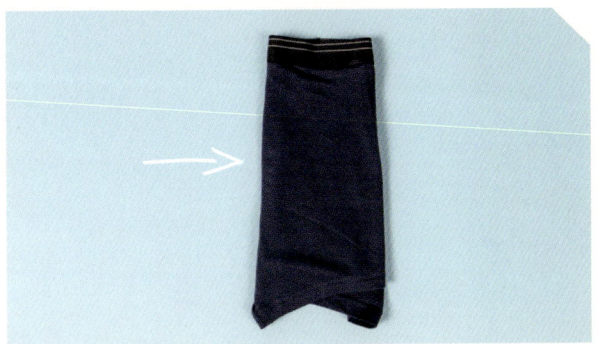

3 Die linke Seite über die rechte legen.

4 Die Boxershorts umdrehen (Vertrauen Sie mir, das hilft.) So entsteht am Bund eine Art Tasche.

5 Die Beine in die Tasche stecken. Mit der Taschenöffnung nach unten in einer Schublade verstauen.

Baby

Ärmelloser Body

1 Den ärmellosen Body mit der Vorderseite auf einen glatten Untergrund legen.

2 Die rechte Seite zur Mitte einschlagen.

3 Die linke Seite nach innen falten, sodass sie die rechte leicht überlappt.

> **Tipp**
>
> *Babysachen lassen sich leichter falten, wenn man vorher sämtliche Knöpfe, Druckknöpfe oder Reißverschlüsse schließt.*

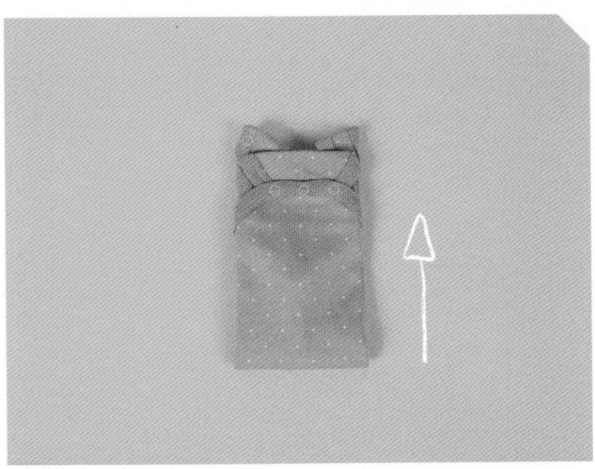

4 Den unteren Teil nach oben umschlagen, sodass er mit dem Halsausschnitt abschließt.

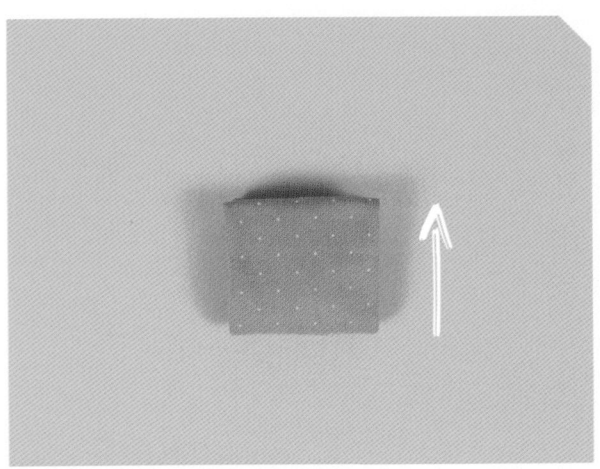

5 Mittig, von unten nach oben, falten.

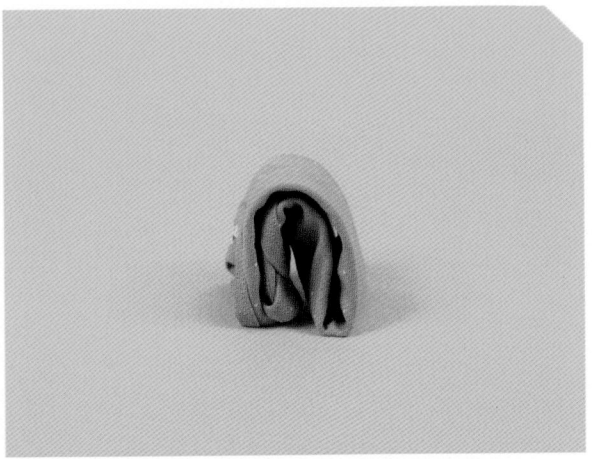

6 Mit der runden Seite nach oben in einer Schublade verstauen.

Kurzärmliger Body

1 Den kurzärmligen Body mit der Vorderseite auf einen glatten Untergrund legen. Damit das Falten leichter geht, die Druckknöpfe des Bodys zuknöpfen.

2 Die rechte Seite zur Mitte einschlagen.

3 Die linke Seite auf dieselbe Weise nach innen falten.

> **Tipp**
>
> *Bei einem langärmligen Body werden die Ärmel wie bei einem Sweatshirt (siehe Schritt 2 bis 5 auf Seite 114) gefaltet.*

4 Den unteren Teil nach oben umschlagen, sodass er mit dem Halsausschnitt abschließt.

5 Mittig, von unten nach oben, falten.

6 Mit der runden Seite nach oben in einer Schublade verstauen.

Ärmelloser Strampler

1 Den ärmellosen Strampler mit der Vorderseite auf einen glatten Untergrund legen. Damit das Falten leichter geht, die Druckknöpfe des Stramplers zuknöpfen.

2 In der Mitte, von rechts nach links, falten.

3 Die Beine bis unter die Achseln nach oben falten.

4 Den unteren Teil bis zur Mitte hochklappen.

5 Den unteren Teil nochmals hochklappen, sodass er mit dem Ausschnitt abschließt.

6 Mit der runden Seite nach oben in einer Schublade verstauen.

Kurzärmliger Strampler

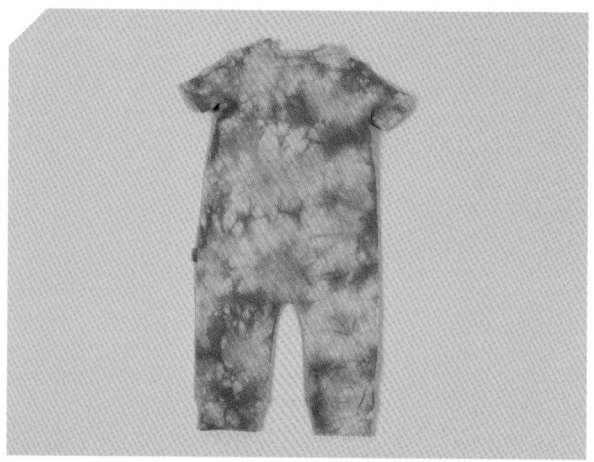

1 Den kurzärmligen Strampler mit der Vorderseite auf einen glatten Untergrund legen. Den Reißverschluss (oder die Druckknöpfe) des Stramplers schließen.

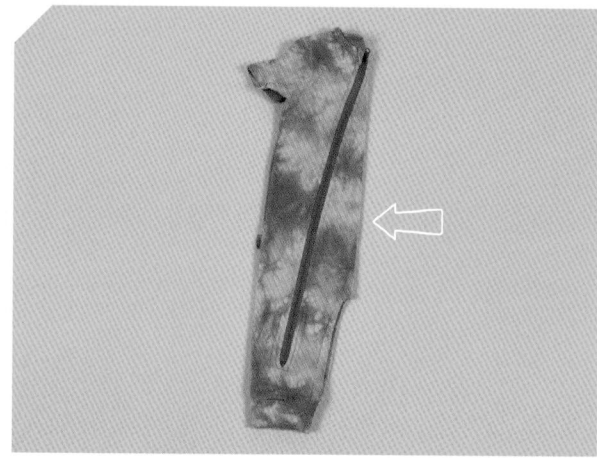

2 In der Mitte, von rechts nach links, falten.

5 Den unteren Teil bis zur Mitte hochklappen.

6 Den unteren Teil nochmals hochklappen, sodass er mit dem Ausschnitt abschließt.

3 Die Ärmel nach rechts zurück falten.

4 Die Beine bis kurz unterhalb des Ausschnitts nach oben falten.

7 Mit der runden Seite nach oben in einer Schublade verstauen.

Tipp

Bei einem langärmligen Strampler der Anleitung für einen Pyjama (siehe Seite 110) folgen.

Pyjama

1 Den Pyjama mit der Vorderseite auf einen glatten Untergrund legen. Damit das Falten leichter geht, die Druckknöpfe des Pyjamas zuknöpfen.

2 In der Mitte, von rechts nach links, falten. Die Ärmel sollten genau übereinanderliegen.

5 Die Füße bis kurz unterhalb des Ausschnitts nach oben falten.

6 Den unteren Teil bis zur Mitte hochklappen.

> **Tipp**
>
> *Diese Faltmethode eignet sich auch für langärmlige Strampler.*

3 Die Ärmel zurückschlagen, sodass sie schräg über der rechten Seite liegen.

4 Die Ärmel auf Höhe des Ellenbogens nach unten umklappen, sodass sie mittig flach auf dem Strampler aufliegen.

7 Den unteren Teil nochmals hochklappen, sodass er mit dem Ausschnitt abschließt.

8 Mit der runden Seite nach oben in einer Schublade verstauen.

T-Shirt

1 Das T-Shirt mit der Vorderseite auf einen glatten Untergrund legen.

2 Die rechte Seite zur Mitte einschlagen.

3 Die linke Seite auf dieselbe Weise nach innen falten.

> **Tipp**
>
> Wenn das Shirt einen Aufdruck hat, sollte in Schritt 1 die Seite mit dem Aufdruck nach unten zeigen. So ist der wiedererkennbare Aufdruck auch im gefalteten Zustand sofort zu sehen.

4 Den unteren Teil bis zur Mitte hochklappen.

5 Den unteren Teil nochmals hochklappen, sodass er mit dem Ausschnitt abschließt.

6 Mit der runden Seite nach oben in einer Schublade verstauen.

Sweatshirt

1 Das Sweatshirt mit der Vorderseite auf einen glatten Untergrund legen.

2 Die rechte Seite nach innen falten, sodass sie den Halsausschnitt rechts ein bisschen überlappt.

5 Den linken Ärmel zurückschlagen, auf Höhe des Ellenbogens nach unten umklappen und über den rechten Ärmel legen.

6 Mittig, von unten nach oben, falten.

3 Den rechten Ärmel zurückschlagen und auf Höhe des Ellenbogens nach unten umklappen, sodass er mittig flach auf dem Sweatshirt aufliegt.

4 Die linke Seite auf dieselbe Weise nach innen falten.

7 Mit der runden Seite nach oben in einer Schublade verstauen.

Tipp

Um zu erfahren, wie man einen Jogginganzug als Set faltet, siehe Seite 126.

Windelhose

1 Die Windelhose mit der Rückseite auf einen glatten Untergrund legen.

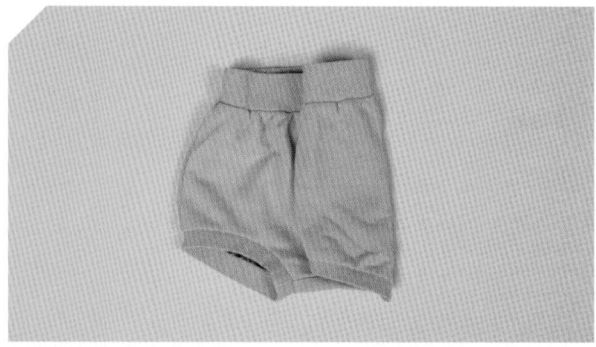

2 Die rechte Seite zur Mitte einschlagen.

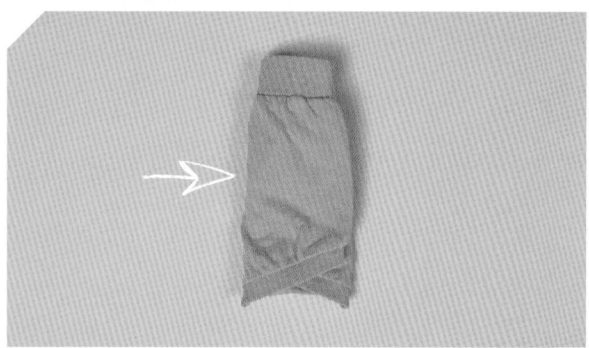

3 Die linke Seite über die rechte legen.

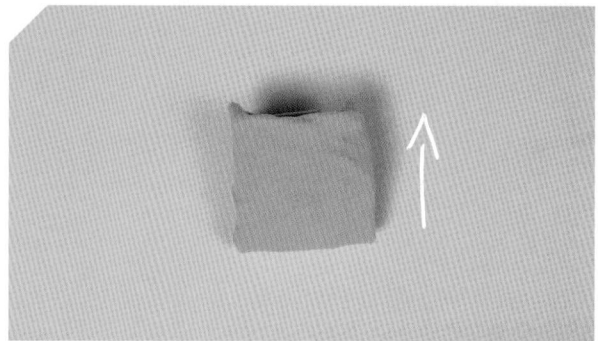

4 Mittig, von unten nach oben, falten.

5 Mit der runden Seite nach oben in einer Schublade verstauen.

Kurze Hose

1 Die kurze Hose mit der Rückseite auf einen glatten Untergrund legen.

2 In der Mitte, von rechts nach links, falten.

3 Sehen Sie das kleine Dreieck auf Höhe des Gesäßes? Ich nenne es „Popoeck". Indem Sie es umklappen, erzielen Sie eine saubere, gerade Linie.

4 Mittig, von unten nach oben, falten.

5 Mit der runden Seite nach oben in einer Schublade verstauen.

Lange Hose

1 Die lange Hose mit der Rückseite auf einen glatten Untergrund legen.

2 Die rechte Seite über die linke legen.

3 Sehen Sie das kleine Dreieck auf Höhe des Gesäßes? Ich nenne es „Popoeck". Indem Sie es umklappen, erzielen Sie eine saubere, gerade Linie

4 Die Hosenbeine bis kurz unterhalb des Bunds nach oben falten.

5 Mittig, von unten nach oben, falten.

6 Mit der runden Seite nach oben in einer Schublade verstauen.

Leggins

1 Die Leggins mit der Rückseite auf einen glatten Untergrund legen.

2 Die rechte Seite über die linke legen.

3 Sehen Sie das kleine Dreieck auf Höhe des Gesäßes? Ich nenne es „Popoeck". Indem Sie es umklappen, erzielen Sie eine saubere, gerade Linie.

4 Die Hosenbeine bis kurz unterhalb des Bunds nach oben falten.

5 Mittig, von unten nach oben, falten.

6 Mit der runden Seite nach oben in einer Schublade verstauen.

Jogginghose

1 Die Jogginghose mit der Rückseite auf einen glatten Untergrund legen.

2 Die rechte Seite über die linke legen. Sehen Sie das kleine Dreieck auf Höhe des Gesäßes? Ich nenne es „Popoeck". Indem Sie es umklappen, erzielen Sie eine saubere, gerade Linie.

3 Die Hosenbeine bis kurz unterhalb des Bunds nach oben falten.

4 Mittig, von unten nach oben, falten.

5 Mit der runden Seite nach oben in einer Schublade verstauen.

Tipp

Um zu erfahren, wie man einen Jogginganzug als Set faltet, siehe Seite 126.

Latzhose

1 Die Latzhose mit der Rückseite auf einen glatten Untergrund legen. Damit das Falten leichter geht, die Knöpfe der Latzhose schließen.

2 Die rechte über die linke Seite legen.

3 Den Latz bis zum Bund nach unten falten. Sehen Sie das kleine Dreieck auf Höhe des Gesäßes? Ich nenne es „Popoeck". Indem Sie es umklappen, erzielen Sie eine saubere, gerade Linie.

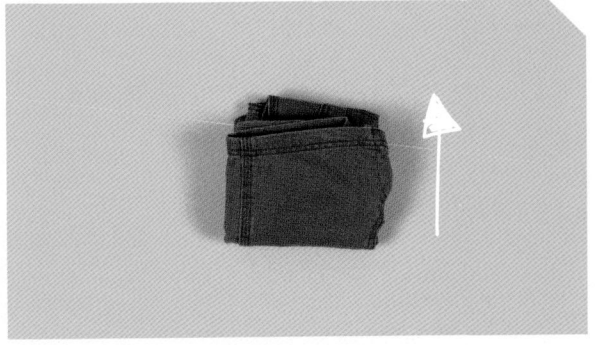

4 Mittig, von unten nach oben, falten.

5 Mit der runden Seite nach oben in einer Schublade verstauen.

Tipp

Hat die Latzhose lange Beine, dann in Schritt 4 erst mittig, von unten nach oben, und dann nochmals in der Mitte falten.

Kleid

1 Das Kleid mit der Vorderseite auf einen glatten Untergrund legen.

2 Die rechte Seite zur Mitte einschlagen.

3 Die linke über die rechte Seite legen. Bei ausgestellten Kleidern den Rock zur Mitte zurückschlagen.

> **Tipp**
>
> *Idealerweise werden Kleider auf Bügel gehängt, doch um Platz zu sparen, kann man sie ruhig falten, vor allem, wenn der Stoff nicht schnell knittert.*

4 Den Saum bis kurz unterhalb des Ausschnitts nach oben falten.

5 Mittig, von unten nach oben, falten.

6 Mit der runden Seite nach oben in einer Schublade verstauen.

Jogginganzug

1 Zunächst die Jogginghose mit der Rückseite auf einen glatten Untergrund legen.

2 Die rechte über die linke Seite legen. Sehen Sie das kleine Dreieck auf Höhe des Gesäßes? Ich nenne es „Popoeck". Indem Sie es umklappen, erzielen Sie eine saubere, gerade Linie.

5 Als Nächstes das Sweatshirt mit der Vorderseite auf einen glatten Untergrund legen.

6 Die rechte Seite nach innen falten, sodass sie den Halsausschnitt rechts ein bisschen überlappt.

3 Die Hosenbeine bis kurz unterhalb des Bunds nach oben falten.

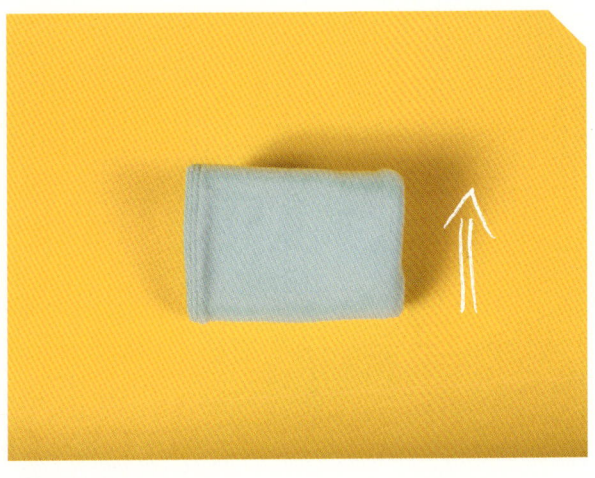

4 Mittig, von unten nach oben, falten. Beiseitelegen.

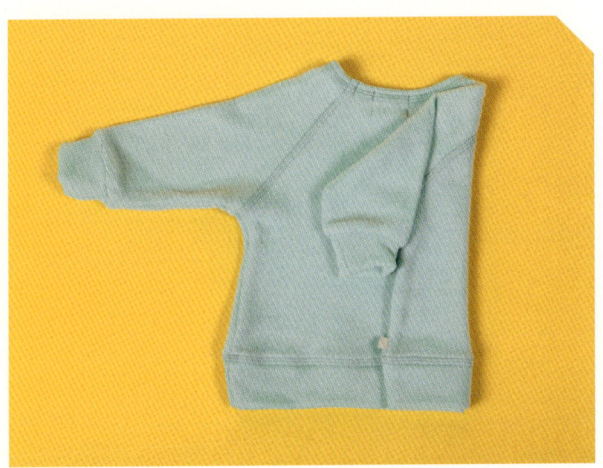

7 Den rechten Ärmel zurückschlagen und auf Höhe des Ellenbogens nach unten umklappen, sodass er mittig flach auf dem Sweatshirt aufliegt.

8 Die linke Seite auf dieselbe Weise nach innen falten.

– – *Fortsetzung* – –▷

9 Den linken Ärmel zurückschlagen, auf Höhe des Ellenbogens nach unten umklappen und über den rechten Ärmel legen.

10 Die gefaltete Jogginghose unten auf das Sweatshirt legen.

11 Mittig, von oben nach unten, falten und dabei die gefaltete Jogginghose einschlagen.

12 Mit der runden Seite nach oben in einer Schublade verstauen.

Zweiteiliger Badeanzug

1 Zunächst die Badehose mit der Rückseite auf einen glatten Untergrund legen.

2 Die rechte Seite zur Mitte einschlagen.

3 Die linke Seite über die rechte legen.

4 So entsteht am Bund eine Art Tasche.

— — Fortsetzung — —▷

5 Den unteren Teil in die Tasche stecken. Beiseitelegen.

6 Als nächstes das Badeshirt mit der Vorderseite auf einen glatten Untergrund legen. Die rechte Seite nach innen falten, sodass sie den Halsausschnitt rechts ein bisschen überlappt.

9 Den linken Ärmel zurückschlagen, auf Höhe des Ellenbogens nach unten umklappen und über den rechten Ärmel legen.

10 Den Saum des Oberteils bis zur Mitte nach oben falten.

7 Den rechten Ärmel zurückschlagen und auf Höhe des Ellenbogens nach unten umklappen, sodass er mittig flach auf dem Shirt aufliegt.

8 Die linke Seite auf dieselbe Weise nach innen falten.

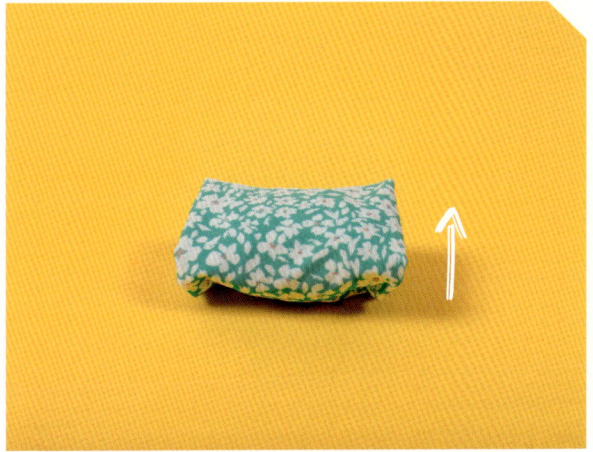

11 Die gefaltete Hose auf die obere Hälfte des Shirts legen.

12 Mittig, von unten nach oben, falten und dabei die gefaltete Hose einschlagen. Mit der runden Seite nach oben in einer Schublade verstauen.

Einteiliger Badeanzug

1 Den einteiligen Badeanzug mit der Rückseite auf einen glatten Untergrund legen.

2 Die rechte Seite nach innen falten, sodass sie den Halsausschnitt rechts ein bisschen überlappt.

5 Den linken Ärmel zurückschlagen, auf Höhe des Ellenbogens nach unten umklappen und über den rechten Ärmel legen.

6 Den unteren Teil bis kurz unterhalb des Ausschnitts nach oben falten.

3 Den rechten Ärmel zurückschlagen und auf Höhe des Ellenbogens nach unten umklappen, sodass er mittig flach auf dem Badeanzug aufliegt.

4 Die linke Seite auf dieselbe Weise nach innen falten.

7 Mittig, von unten nach oben, falten. Mit der runden Seite nach oben in einer Schublade verstauen.

Badeshorts

1 Die Badeshorts mit der Rückseite auf einen glatten Untergrund legen.

2 In der Mitte, von rechts nach links, falten.

3 Sehen Sie das kleine Dreieck auf Höhe des Gesäßes? Ich nenne es „Popoeck". Indem Sie es umklappen, erzielen Sie eine saubere, gerade Linie.

4 Mittig, von unten nach oben, falten.

5 Mit der runden Seite nach oben in einer Schublade verstauen.

Socken

1 Die Socken übereinander auf einen glatten Untergrund legen.

2 Das Bündchen der einen Socke von oben über beide Socken stülpen, damit ein Bündel entsteht.

> **Tipp** *Diese Faltmethode eignet sich auch für Fäustlinge.*

Mütze

1 Die Mütze auf einen glatten Untergrund legen.

2 In der Mitte, von rechts nach links, falten.

3 Mittig, von unten nach oben, falten. Mit der runden Seite nach oben in einer Schublade verstauen.

Lätzchen

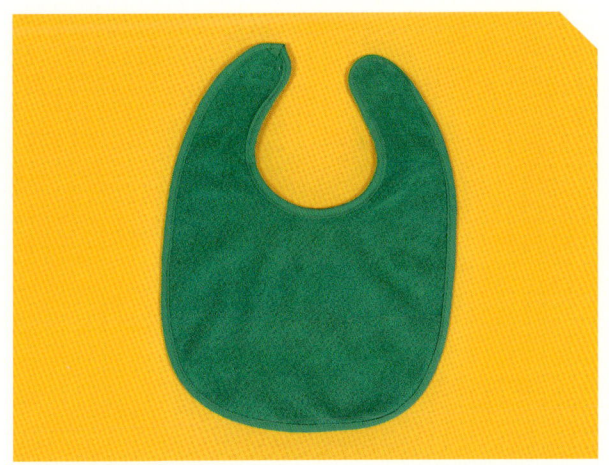

1 Das Lätzchen mit der Vorderseite auf einen glatten Untergrund legen.

2 In der Mitte, von rechts nach links, falten.

3 Die Träger nach unten falten, damit oben ein gerader Abschluss entsteht.

4 Mittig, von unten nach oben, falten. Mit der runden Seite nach oben in einer Schublade verstauen.

Dreieckstuch

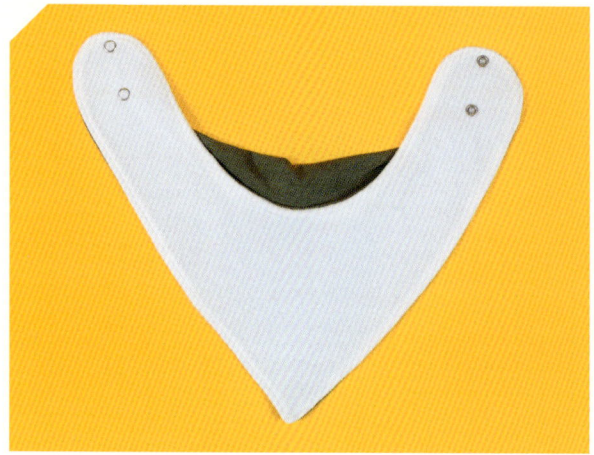

1 Das Dreieckstuch mit der Vorderseite auf einen glatten Untergrund legen.

2 Die Enden nach unten umschlagen.

5 So entsteht oben eine Art Tasche.

6 Den unteren Teil des Dreiecks in die Tasche stecken.

3 Die rechte Seite zur Mitte einschlagen.

4 Die linke über die rechte Seite legen.

7 Mit der runden Seite nach oben in einer Schublade verstauen.

Badetuch mit Kapuze

1 Das Badetuch mit der Vorderseite auf einen glatten Untergrund legen.

2 Die rechte Seite zur Mitte einschlagen.

3 Die linke über die rechte Seite legen. Die Kapuze, sofern vorhanden, nach unten falten.

4 Gegebenenfalls wenden, damit Ärmel oder Ohren unten liegen. Den unteren Teil bis zur Mitte nach oben falten.

5 Den unteren Teil nochmals hochklappen, sodass er mit der oberen Kante abschließt.

6 Mit der runden Seite nach vorne in ein Regal legen.

Spucktuch

1 Das Spucktuch waagerecht auf einen glatten Untergrund legen.

2 Die rechte Seite zur Mitte einschlagen.

3 Die linke über die rechte Seite legen.

4 Am oberen Saum sollte jetzt eine Art Tasche entstanden sein.

5 Den unteren Teil in die Tasche stecken.

6 Mit der Taschenöffnung nach unten in einer Schublade verstauen.

Musselin-Decke

1 Die Musselin-Decke mit der Vorderseite auf einen glatten Untergrund legen. In der Mitte, von rechts nach links, falten.

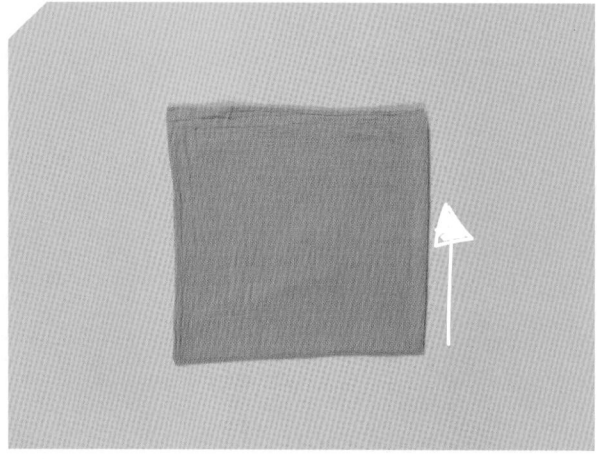

2 Mittig, von unten nach oben, falten.

5 Den unteren Teil bis zur Mitte nach oben falten.

6 Den unteren Teil nochmals hochklappen, sodass er mit der oberen Kante abschließt.

3 Die rechte Seite zur Mitte einschlagen.

4 Die linke über die rechte Seite legen.

7 Mit der runden Seite nach oben in einer Schublade oder mit der runden Seite nach vorne in einem Regal verstauen.

Schlafsack

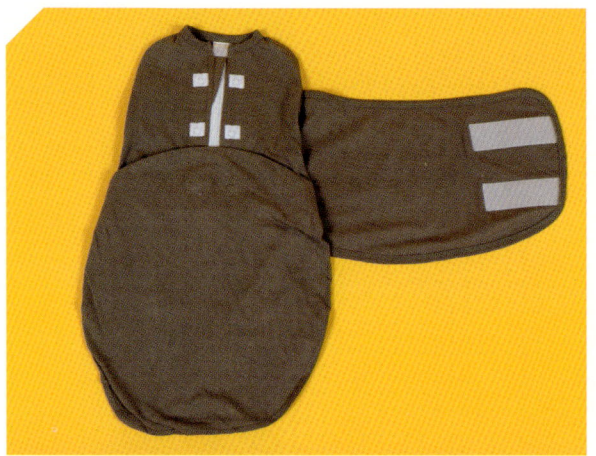

1 Den Schlafsack mit der Rückseite auf einen glatten Untergrund legen. Damit er sich leichter zusammenlegen lässt, den Reißverschluss, falls vorhanden, schließen.

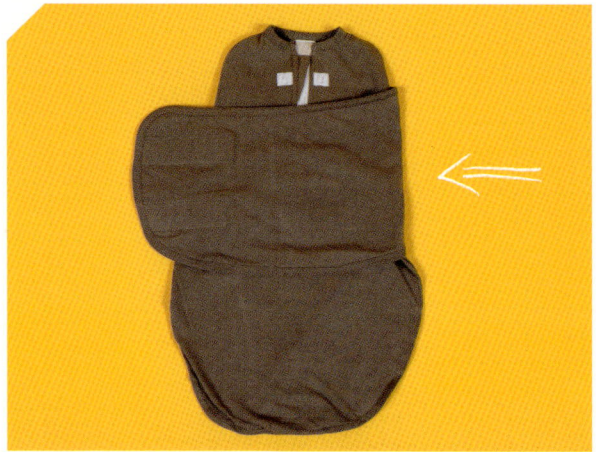

2 Den Umschlag quer über den Schlafsack legen.

5 Die rechte Seite zur Mitte einschlagen.

6 Die linke über die rechte Seite legen.

> **Tipp**
>
> *Die Faltmethode gegebenenfalls anpassen, je nach Form des Schlafsacks.*

3 Den Umschlag bis zur Mitte des Schlafsacks zurückschlagen.

4 Den Schlafsack mittig, von oben nach unten, falten.

7 Nochmals mittig falten, dieses Mal von unten nach oben. Mit der runden Seite nach oben in einer Schublade verstauen.

Babybettlaken

1 Das Babybettlaken auf links drehen.

2 An der langen Seite in das Laken hineingreifen und je eine Hand in eine Ecke stecken.

5 Die linke Hand gegen die rechte eintauschen.

6 Nun langsam und immer abwechselnd mit beiden Händen in dem Laken nach unten wandern. Das Laken wird sich ganz von selbst umdrehen und die Kanten werden aufeinanderliegen.

3 Die rechte Hand zur linken führen.

4 Die rechte Ecke über die linke stülpen. Jetzt liegen beide Seiten übereinander und werden von der linken Hand gehalten.

7 An der unteren Ecke angekommen, das Laken umdrehen, um es zu entwirren.

8 Anschließend sollte es die Form eines Rechtecks haben.

— — *Fortsetzung* — —▷

9 Das Laken auf einen glatten Untergrund legen. Kanten glätten und Falten glattstreichen.

10 Die rechte Seite zur Mitte einschlagen.

13 Den unteren Teil nochmals hochklappen, sodass er mit der oberen Kante abschließt.

14 Mit der runden Seite nach oben in einer Schublade oder mit der runden Seite nach vorne in einem Regal verstauen.

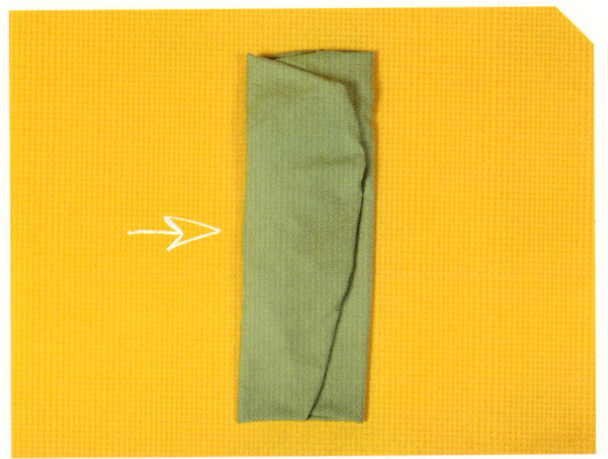

11 Die linke über die rechte Seite legen.

12 Den unteren Teil bis zur Mitte nach oben falten.

> **Tipp**
> Wenn es Ihnen gelingt, ein Babybettlaken zu falten, sind Sie auf dem besten Wege, auch das gefürchtete Spannbettlaken auf Seite 202 zu meistern!

Kind

Tanktop

1 Das Tanktop mit der Vorderseite auf einen glatten Untergrund legen.

2 Die Träger auf Höhe der Achseln nach unten falten, damit oben ein gerader Abschluss entsteht.

5 Den Saum bis zur Mitte nach oben falten.

6 Den unteren Teil nochmals hochklappen, sodass er mit dem oberen Rand abschließt.

3 Die rechte Seite zur Mitte einschlagen.

4 Die linke Seite über die rechte legen.

7 Mit der runden Seite nach oben in einer Schublade verstauen.

T-Shirt

1 Das T-Shirt mit der Vorderseite auf einen glatten Untergrund legen.

2 Die rechte Seite nach innen falten, sodass sie den Halsausschnitt rechts ein bisschen überlappt. Die linke Seite auf dieselbe Weise nach innen falten.

3 Den Saum bis kurz unterhalb des Ausschnitts nach oben umschlagen.

4 Mittig, von unten nach oben, falten.

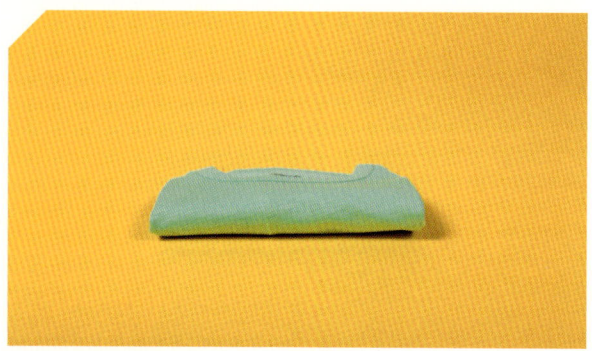

5 Das Shirt mit der runden Seite nach oben in einer Schublade verstauen.

Tipp

Wenn das Shirt einen Aufdruck hat, sollte in Schritt 1 die Seite mit dem Aufdruck nach unten zeigen. So ist der wiedererkennbare Aufdruck auch im gefalteten Zustand sofort zu sehen.

T-Shirt (Variante)

1 Das T-Shirt mit der Vorderseite auf einen glatten Untergrund legen.

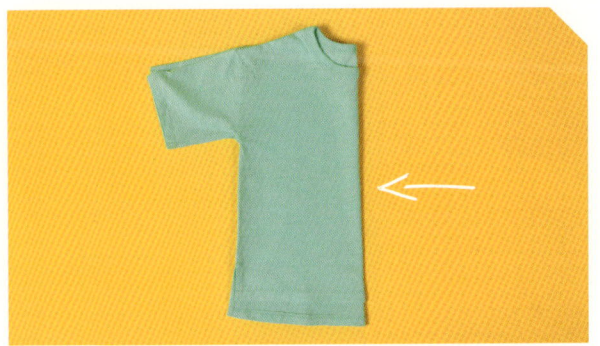

2 In der Mitte, von rechts nach links, falten.

3 Die linke Seite nach rechts einschlagen. Die Ärmel zurückschlagen, falls sie die rechte Seite überlappen.

4 Den Saum bis kurz unterhalb des Halsausschnitts nach oben falten.

5 Mittig, von unten nach oben, falten.

6 Mit der runden Seite nach oben in einer Schublade verstauen.

Kurzärmliges Hemd

1 Das kurzärmlige Hemd mit der Vorderseite auf einen glatten Untergrund legen.

2 Die rechte Seite zur Mitte einschlagen.

3 Die linke Seite auf dieselbe Weise nach innen falten.

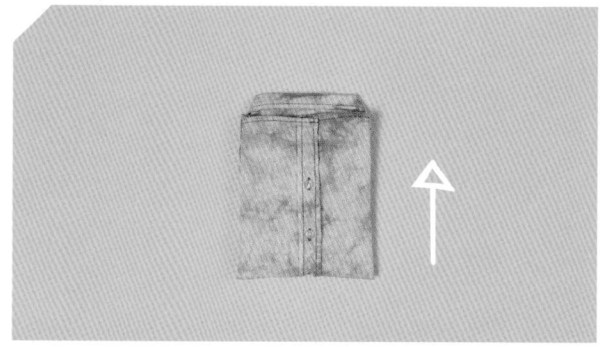

4 Den Saum nach oben falten, bis kurz unterhalb des Kragens.

5 Damit der Kragen nicht zerknittert, das Hemd so in ein Regal legen, dass die Vorderseite nach oben und die runde Seite nach vorne zeigt.

Tipp

Zugeknöpfte Hemden lassen sich einfacher zusammenlegen. Dazu können Sie entweder alle Knöpfe zuknöpfen oder nur den Knopf ganz oben, den in der Mitte und den ganz unten.

Poloshirt

1 Das Poloshirt mit der Vorderseite auf einen glatten Untergrund legen.

2 Die rechte Seite zur Mitte einschlagen.

3 Die linke Seite auf dieselbe Weise nach innen falten.

4 Den Saum bis kurz unterhalb des Kragens nach oben falten.

5 Damit der Kragen nicht zerknittert, das Hemd so in ein Regal legen, dass die Vorderseite nach oben und die runde Seite nach vorne zeigt.

Tipp

Das Shirt lässt sich einfacher zusammenlegen, wenn Sie es vorher zuknöpfen oder wahlweise nur den obersten Knopf zuknöpfen.

Langarmshirt

1 Das Langarmshirt mit der Vorderseite oder Rückseite auf einen glatten Untergrund legen. Siehe Tipp rechts.

2 Mittig, von rechts nach links, falten.

5 Den Saum bis kurz unterhalb des Ausschnitts nach oben falten.

6 Mittig, von unten nach oben, falten.

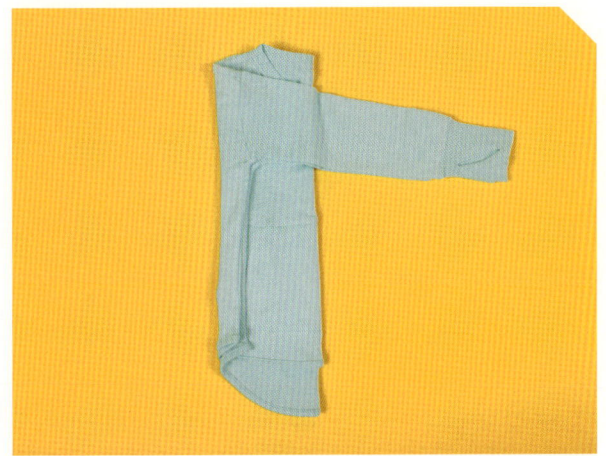

3 Die linke Seite bis zur Mitte nach rechts zurückschlagen.

4 Die Ärmel zurückschlagen und auf Höhe des Ellenbogens nach unten umklappen, sodass sie mittig flach auf dem Shirt aufliegen.

7 Mit der runden Seite nach oben in einer Schublade verstauen.

Tipp

Wenn das Shirt einen Aufdruck hat, sollte in Schritt 1 die Seite mit dem Aufdruck nach unten zeigen. So ist der wiedererkennbare Aufdruck auch im gefalteten Zustand sofort zu sehen.

Strickjacke

1 Die Strickjacke zuknöpfen und mit der Vorderseite auf einen glatten Untergrund legen.

2 Die rechte Seite nach innen falten, sodass sie den Halsausschnitt rechts ein bisschen überlappt.

5 Den linken Ärmel zurückschlagen, auf Höhe des Ellenbogens nach unten umklappen und über den rechten Ärmel legen.

6 Den Saum bis zur Mitte hochklappen.

> **Tipp**
>
> *Diese Faltmethode eignet sich für Pullover aller Art. Soll das Teil in einem Regal verstaut werden, den Saum in Schritt 6 bis kurz unterhalb des Ausschnitts nach oben falten. Anschließend mit der Vorderseite nach oben und der runden Seite nach vorne ins Regal legen.*

3 Den rechten Ärmel zurückschlagen und auf Höhe des Ellenbogens nach unten umklappen, sodass er mittig flach auf der Strickjacke aufliegt.

4 Die linke Seite auf dieselbe Weise nach innen falten.

7 Den unteren Teil nochmals hochklappen, bis kurz unterhalb des Ausschnitts.

8 Mit der runden Seite nach oben in einer Schublade verstauen. Für die Aufbewahrung in einem Regal: siehe oben (Tipp).

Hoodie

1 Den Hoodie mit der Vorderseite auf einen glatten Untergrund legen und die Kapuze glattstreichen.

2 Die rechte Seite nach innen falten, sodass sie die Kapuze rechts ein bisschen überlappt.

5 Den linken Ärmel zurückschlagen, auf Höhe des Ellenbogens nach unten umklappen und über den rechten Ärmel legen.

6 Die Kapuze nach unten klappen, und Kordeln, sofern vorhanden, auf die Kapuze legen.

> **Tipp**
>
> *Falls vorhanden, den Reißverschluss schließen! Dann geht das Falten leichter.*

3 Den rechten Ärmel zurückschlagen und auf Höhe des Ellenbogens nach unten umklappen, sodass er flach auf dem Hoodie aufliegt.

4 Die linke Seite auf dieselbe Weise nach innen falten.

7 Das Sweatshirt mittig, von unten nach oben, falten.

8 Mit der runden Seite nach oben in einer Schublade oder mit der runden Seite nach vorne in einem Regal verstauen.

Kurze Sporthose

1 Die kurze Sporthose mit der Rückseite auf einen glatten Untergrund legen.

2 Die rechte Seite zur Mitte einschlagen.

3 Die linke Seite über die rechte legen.

> **Tipp**
>
> *Bei Sporthosen, die meist aus sehr dünnem Stoff sind, funktioniert dieses Hineinstecken besser als das klassische Zusammenlegen.*

4 Die kurze Hose umdrehen (Vertrauen Sie mir, das hilft.) So entsteht am Bund eine Art Tasche.

5 Den unteren Teil in die Tasche stecken.

6 Mit der Taschenöffnung nach unten in einer Schublade verstauen.

Kurze Hose

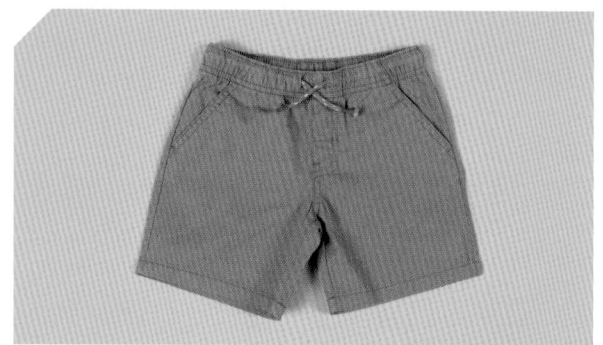

1 Die kurze Hose mit der Rückseite auf einen glatten Untergrund legen.

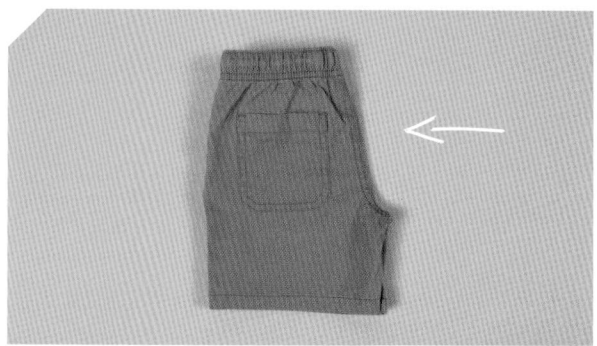

2 In der Mitte, von rechts nach links, falten.

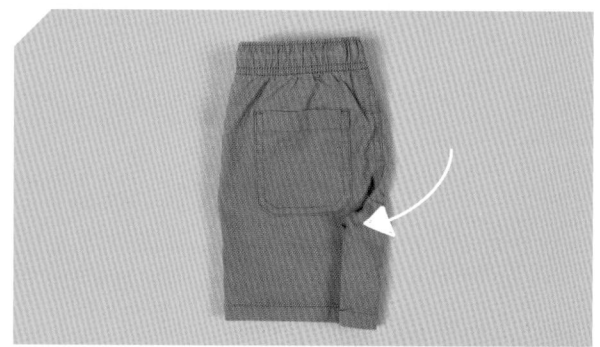

3 Sehen Sie das kleine Dreieck auf Höhe des Gesäßes? Ich nenne es „Popoeck". Indem Sie es umklappen, erzielen Sie eine saubere, gerade Linie.

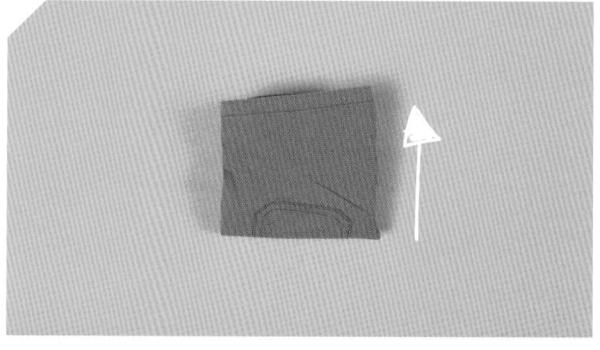

4 Den unteren Teil bis kurz unterhalb des Bunds hochklappen.

5 Mit der runden Seite nach oben in einer Schublade verstauen.

Lange Hose

1 Die Hose mit der Rückseite auf einen glatten Untergrund legen..

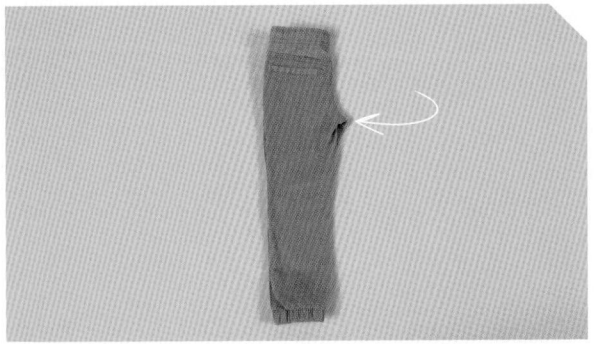

2 In der Mitte, von rechts nach links, falten. Sehen Sie das kleine Dreieck auf Höhe des Gesäßes? Ich nenne es „Popoeck". Indem man es umklappt, erzielt man eine gerade, saubere Linie.

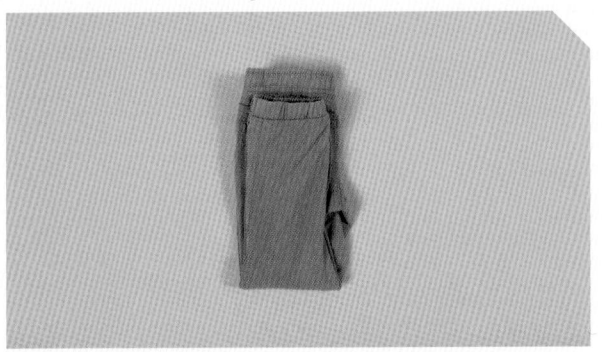

3 Die Hosenbeine nach oben umschlagen, bis kurz unterhalb des Bunds.

4 Mittig, von unten nach oben, falten.

5 Die Hose mit der runden Seite nach oben in einer Schublade verstauen.

Kleid

1 Das Kleid mit der Vorderseite auf einen glatten Untergrund legen.

2 Die rechte Seite zur Mitte einschlagen. Bei ausgestellten Kleidern den Rock nach rechts zurückschlagen.

5 Mittig, von unten nach oben, falten.

6 Nochmals mittig, von unten nach oben, falten.

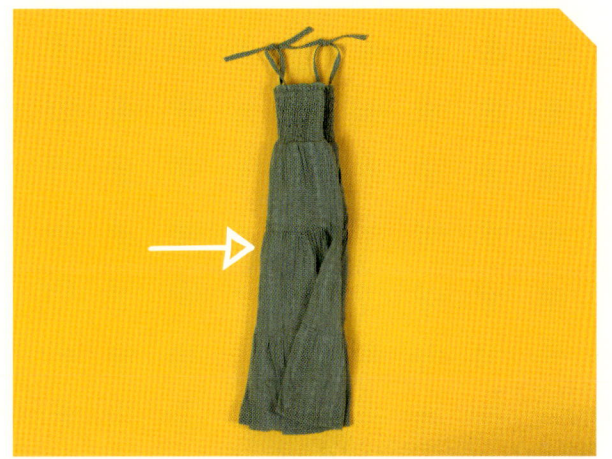

3 Die linke über die rechte Seite legen. Bei ausgestellten Kleidern den Rock nach links zurückschlagen.

4 Die Träger nach unten falten.

7 Mit der runden Seite nach oben in einer Schublade verstauen.

Tipp

Idealerweise werden Kleider auf Bügel gehängt, doch um Platz zu sparen, kann man sie ruhig falten, vor allem, wenn der Stoff nicht schnell knittert.

Rock

1 Den Rock mit der Rückseite auf einen glatten Untergrund legen.

2 Die rechte Seite zur Mitte einschlagen.

3 Die linke Seite über die rechte legen.

> **Tipp**
>
> *Ist der Rock zu klein, um ihn in Drittel zu falten, wird er nur einmal in der Mitte gefaltet.*

4 Den Saum bis zur Mitte hochklappen.

5 Den unteren Teil nochmals nach oben falten, sodass er mit dem Bund abschließt.

6 Mit der runden Seite nach oben in einer Schublade verstauen.

Jogginganzug

1 Zunächst die Jogginghose mit der Rückseite auf einen glatten Untergrund legen.

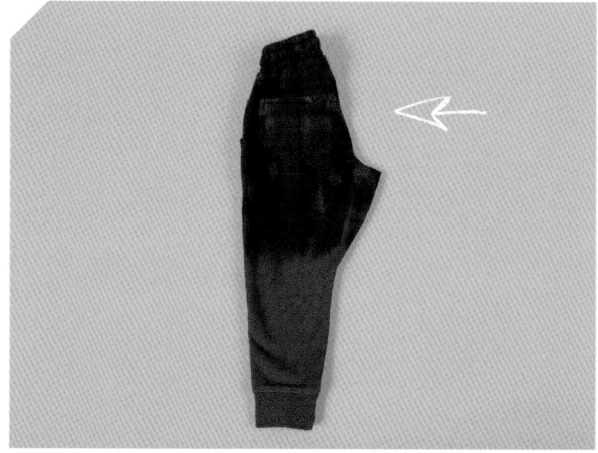

2 In der Mitte, von rechts nach links, falten.

5 Mittig, von unten nach oben, falten. Beiseitelegen.

6 Als Nächstes das Sweatshirt mit der Vorderseite auf einen glatten Untergrund legen.

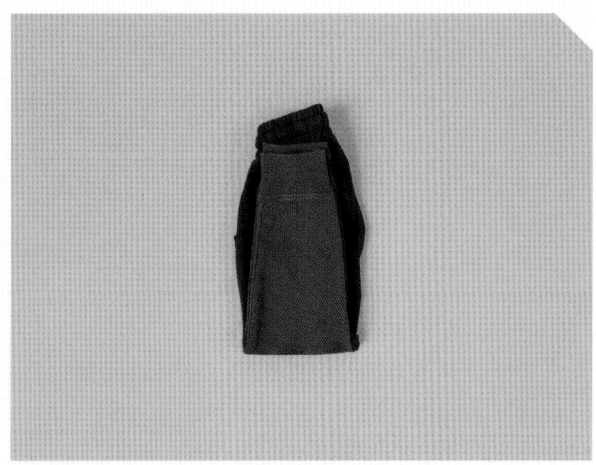

3 Sehen Sie das kleine Dreieck auf Höhe des Gesäßes? Ich nenne es „Popoeck". Indem man es umklappt, erzielt man eine gerade, saubere Linie.

4 Die Hosenbeine nach oben umschlagen, bis kurz unterhalb des Bunds.

7 Die rechte Seite nach innen falten, sodass sie den Halsausschnitt rechts ein bisschen überlapt.

8 Den rechten Ärmel zurückschlagen und auf Höhe des Ellenbogens nach unten umklappen, sodass er mittig flach auf dem Sweatshirt aufliegt.

Fortsetzung

9 Die linke Seite auf dieselbe Weise nach innen falten.

10 Den linken Ärmel zurückschlagen, auf Höhe des Ellenbogens nach unten umklappen und über den rechten Ärmel legen.

11 Die gefaltete Jogginghose kurz unterhalb des Ausschnitts auf das Sweatshirt legen.

12 Mittig, von unten nach oben, falten und dabei die gefaltete Jogginghose einschlagen.

13 Mit der runden Seite nach oben in einer Schublade oder mit der runden Seite nach vorne in einem Regal verstauen.

Pyjama-Set

1 Zunächst die Pyjamahose mit der Rückseite auf einen glatten Untergrund legen.

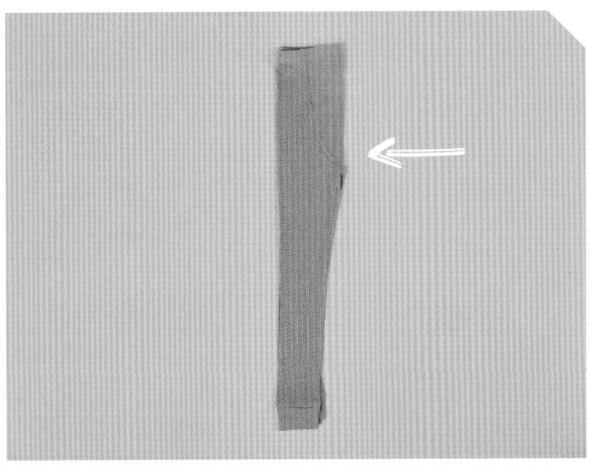

2 Die rechte über die linke Seite legen.

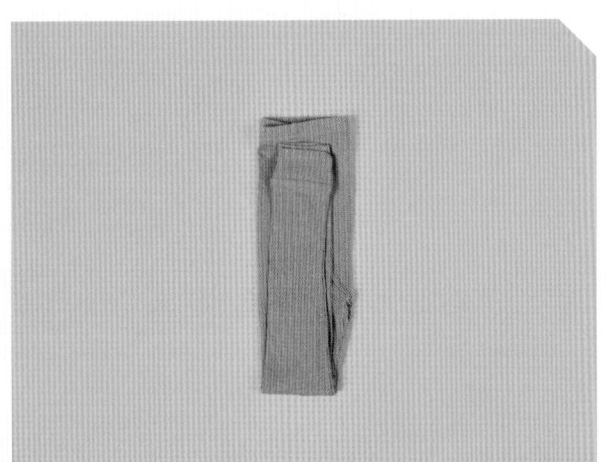

3 Die Beine bis kurz unterhalb des Bunds nach oben falten.

4 In Drittel falten. Dazu den unteren Teil bis zur Mitte nach oben falten und dann nochmals umschlagen, sodass er mit dem Bund abschließt. Beiseitelegen.

— — Fortsetzung — —▷

5 Als Nächstes das Pyjamaoberteil mit der Vorderseite auf einen glatten Untergrund legen.

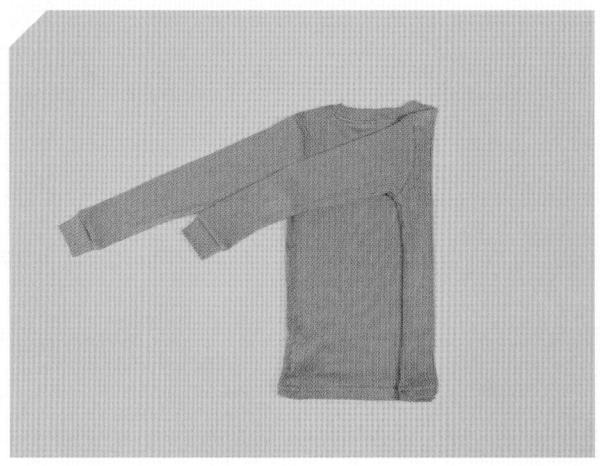

6 Die rechte Seite nach innen falten, sodass sie den Halsausschnitt rechts ein bisschen überlappt.

9 Den linken Ärmel zurückschlagen, auf Höhe des Ellenbogens nach unten umklappen und über den rechten Ärmel legen.

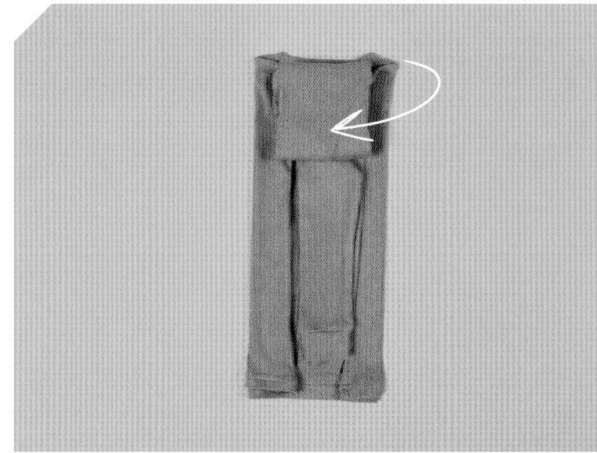

10 Die gefaltete Pyjamahose kurz unterhalb des Ausschnitts auf das Oberteil legen.

> **Tipp**
>
> *Wenn man Pyjama-Sets auf diese Art faltet und aufbewahrt, ist es für Kinder leichter, sich selbst bettfertig zu machen.*

7 Den rechten Ärmel zurückschlagen und auf Höhe des Ellenbogens nach unten umklappen, sodass er mittig flach auf dem Oberteil aufliegt.

8 Die linke Seite auf dieselbe Weise nach innen falten.

11 Den Saum des Oberteils bis zur Mitte nach oben umschlagen.

12 Den unteren Teil nochmals hochklappen, sodass er mit dem Ausschnitt abschließt, und dabei die gefaltete Hose einschlagen. Mit der runden Seite nach oben in einer Schublade verstauen.

Badeanzug

1 Den Badeanzug mit der Rückseite auf einen glatten Untergrund legen.

2 Die rechte Seite nach innen falten, sodass sie den Halsausschnitt rechts ein bisschen überlappt.

5 Den linken Ärmel zurückschlagen, auf Höhe des Ellenbogens nach unten umklappen und über den rechten Ärmel legen.

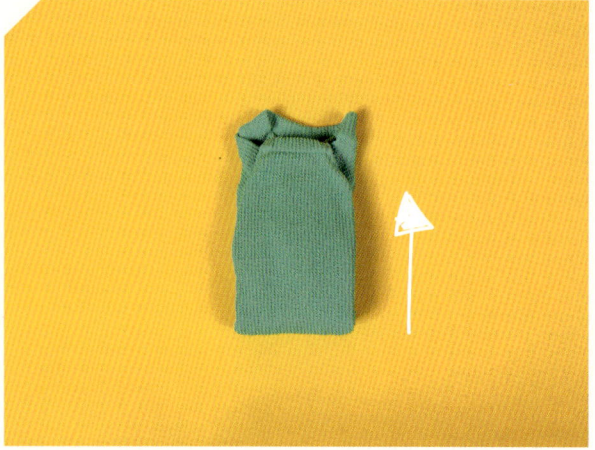

6 Den unteren Teil bis kurz unterhalb des Ausschnitts nach oben falten.

3 Den rechten Ärmel zurückschlagen und auf Höhe des Ellenbogens nach unten umklappen, sodass er mittig flach auf dem Badeanzug aufliegt.

4 Die linke Seite auf dieselbe Weise nach innen falten.

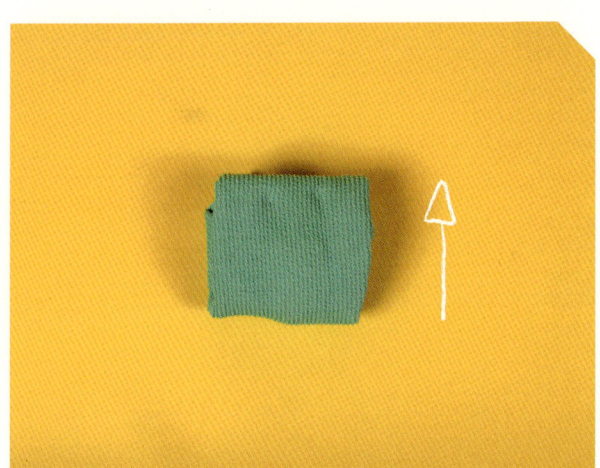

7 Mittig, von unten nach oben, falten.

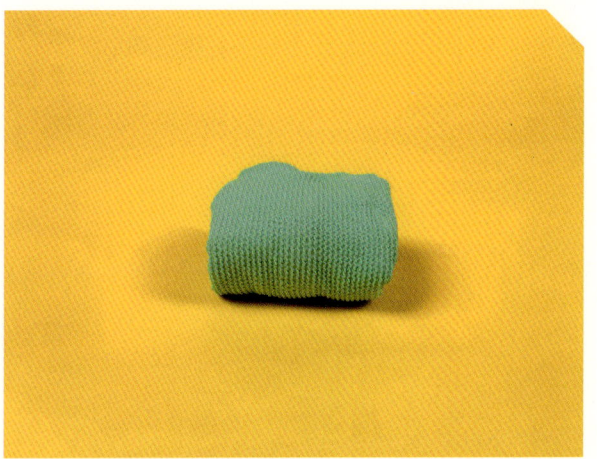

8 Mit der runden Seite nach oben in einer Schublade verstauen.

Bikini

1 Zunächst die Bikinihose mit der Rückseite auf einen glatten Untergrund legen.

2 Die rechte Seite zur Mitte einschlagen und dann die linke Seite über die rechte legen.

5 Die gefaltete Hose hochkant rechts auf das Oberteil legen.

6 Die rechte Seite zur Mitte falten und dabei die gefaltete Hose einschlagen.

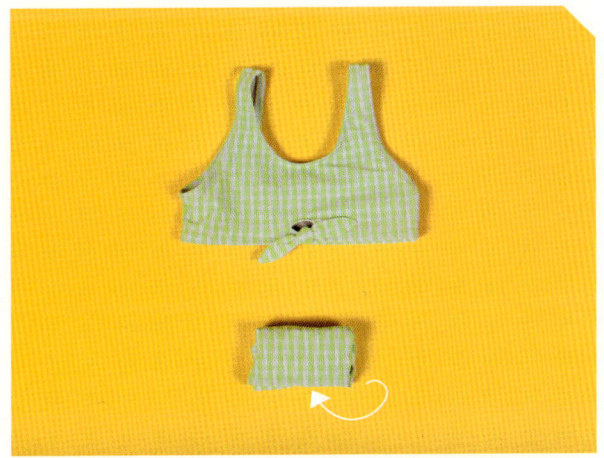

3 So entsteht am Bund eine Art Tasche (siehe das Foto zu Schritt 4 auf Seite 187). Den unteren Teil der Hose in die Tasche stecken. Beiseitelegen.

4 Das Bikinioberteil mit der Vorderseite auf einen glatten Untergrund legen. Die Träger bis zum Bund nach unten falten.

7 Die rechte Seite nochmals nach links falten, sodass sie mit der linken Seite abschließt.

8 Mit der runden Seite nach oben in einer Schublade verstauen.

Badeshorts

1 Die Badeshorts mit der Rückseite auf einen glatten Untergrund legen.

2 In der Mitte, von rechts nach links, falten.

3 Den unteren Teil bis zur Mitte nach oben umschlagen.

4 Den unteren Teil nochmals nach oben falten, sodass er mit dem Bund abschließt.

5 Mit der runden Seite nach oben in einer Schublade verstauen.

Sneakersocken

1 Die Sneakersocken mit der Öffnung nach oben auf einen glatten Untergrund legen.

2 Eine Socke auf die andere legen, sodass von der unteren Socke lediglich noch die Öffnung zu sehen ist.

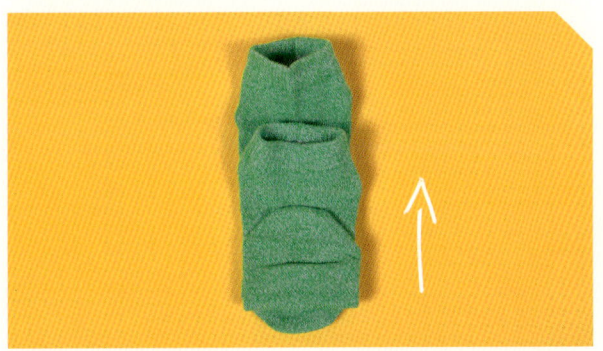

3 Die obere Socke nach oben umschlagen, bis sie mit der Spitze der unteren Socke abschließt.

4 Nun die untere, zusammen mit der oberen Socke, nach oben falten.

5 Die Öffnung der unteren Socke von oben über den gefalteten Teil stülpen, damit ein Bündel entsteht.

Unterhose

1 Die Unterhose mit der Rückseite auf einen glatten Untergrund legen.

2 Die rechte Seite zur Mitte einschlagen.

3 Die linke über die rechte Seite legen.

4 So entsteht am Bund eine Art Tasche.

5 Den unteren Teil in die Tasche stecken.

6 Mit der Taschenöffnung nach unten in einer Schublade verstauen.

Boxershorts

1 Die Boxershorts mit der Rückseite auf einen glatten Untergrund legen.

2 Die rechte Seite zur Mitte einschlagen.

3 Die linke Seite über die rechte legen.

4 Die Boxershorts umdrehen (Vertrauen Sie mir, das hilft.) So entsteht am Bund eine Art Tasche.

5 Die Beine in die Tasche stecken.

6 Mit der Taschenöffnung nach unten in einer Schublade verstauen.

Wäsche

Waschlappen

1 Den Waschlappen mit der Vorderseite auf einen glatten Untergrund legen.

2 In der Mitte, von links nach rechts, falten.

3 Nochmals mittig, von unten nach oben, falten.

4 Mit der runden Seite nach vorne in ein Regal legen.

Handtuch

1 Das Handtuch waagerecht mit der Vorderseite auf einen glatten Untergrund legen.

2 In der Mitte, von links nach rechts, falten.

3 Den oberen Teil bis zur Mitte nach unten falten.

4 Den unteren Teil darüberlegen.

5 Das Handtuch einmal umdrehen und in ein Regal legen.

Badetuch

1 Das Badetuch waagerecht mit der Vorderseite auf einen glatten Untergrund legen.

2 In der Mitte, von links nach rechts, falten.

3 Den oberen Teil bis zur Mitte nach unten falten.

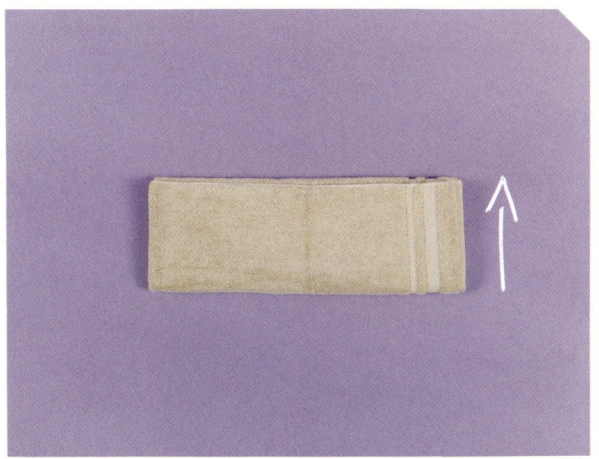

4 Den unteren Teil darüberlegen.

5 In der Mitte, von links nach rechts, falten.

6 Mit der runden Seite nach vorne in ein Regal legen.

Bademantel

1 Den Bademantel mit der Rückseite auf einen glatten Untergrund legen und die Gürtelenden so drapieren, dass sie mittig über Kreuz liegen.

2 Die rechte Seite zur Mitte einschlagen.

5 Den linken Ärmel zurückschlagen, auf Höhe des Ellenbogens nach unten umklappen und über den rechten Ärmel legen.

6 Den Saum bis zur Mitte nach oben falten.

3 Den rechten Ärmel zurückschlagen und auf Höhe des Ellenbogens nach unten umklappen, sodass er mittig flach auf dem Bademantel aufliegt.

4 Die linke Seite über den rechten Ärmel legen.

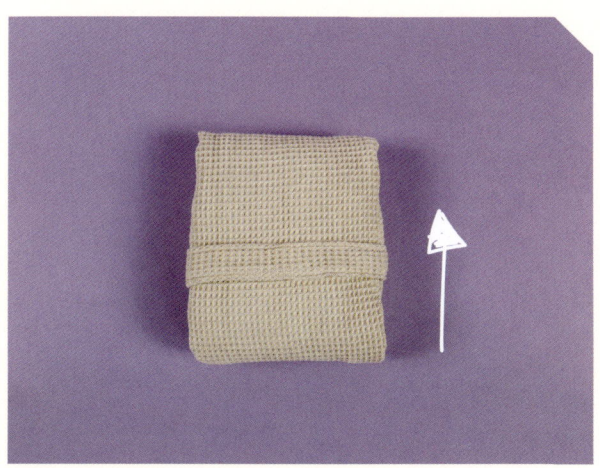

7 Den unteren Teil nochmals umschlagen, sodass er mit dem Ausschnitt abschließt.

8 Mit der runden Seite nach vorne in ein Regal legen.

Kissenbezug

1 Den Kissenbezug waagerecht auf einen glatten Untergrund legen.

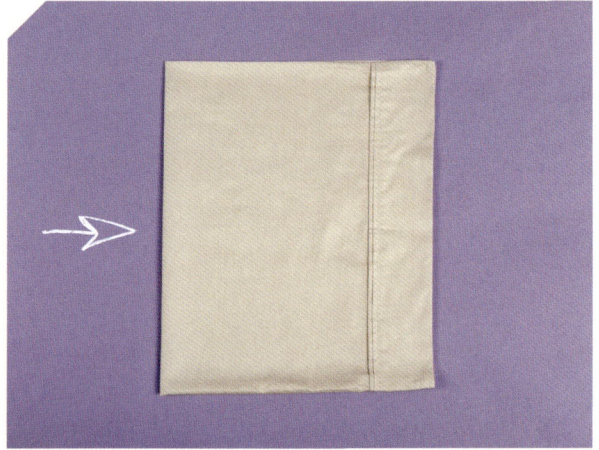

2 In der Mitte, von links nach rechts, falten.

3 Den Kissenbezug umdrehen, sodass die Borte nach unten zeigt.

> **Tipp**
>
> *Diese Faltmethode eignet sich für alle Kissenbezüge.*

4 Den oberen Teil bis zur Mitte nach unten falten.

5 Den unteren Teil darüberlegen.

6 In der Mitte, von rechts nach links, falten. Hat der Kissenbezug eine Borte, das Ganze nochmals umdrehen, damit die Borte nach oben zeigt. Mit der runden Seite nach vorne in ein Regal legen.

Bettbezug

1 Den Bettbezug waagerecht auf einen glatten Untergrund legen. Mittig, von oben nach unten, und anschließend mittig, von rechts nach links, falten.

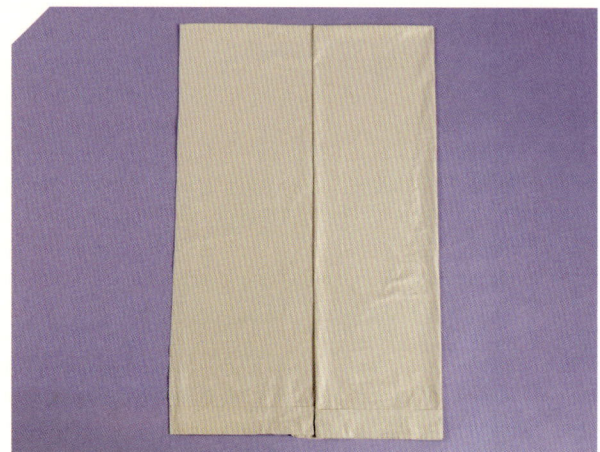

2 Die rechte Seite zur Mitte einschlagen.

3 Die linke über die rechte Seite legen.

4 Mittig, von oben nach unten, falten.

5 Nochmals mittig, von oben nach unten, falten.

6 Hat das Bettlaken eine Borte, das Ganze nochmals umdrehen, damit die Borte nach oben zeigt. Mit der runden Seite nach vorne in ein Regal legen.

Spannbettlaken

1 Das Spannbettlaken auf links drehen. An der langen Seite in das Laken hineingreifen und je eine Hand in eine Ecke stecken.

2 Die rechte Hand zur linken führen.

5 Die linke Hand gegen die rechte eintauschen.

6 Nun langsam und immer abwechselnd mit beiden Händen in dem Laken nach unten wandern. Während Sie sich der unteren Ecke nähern, wird sich das Laken ganz von selbst umdrehen und die Kanten werden aufeinanderliegen.

3 Mit der linken Hand beide Ecken greifen und die rechte Hand rausziehen.

4 Die rechte Ecke über die linke stülpen. Jetzt liegen beide Seiten übereinander und werden von der linken Hand gehalten.

7 Wenn das Laken umgedreht und entwirrt ist, das Ganze wiederholen. Je eine Hand in die Ecke von einer langen Seite stecken.

8 Die rechte Hand zur linken führen. Mit der Linken beide Ecken festhalten und die rechte Hand rausziehen.

– – Fortsetzung – –▷

9 Die rechte Ecke über die linke stülpen. Jetzt liegen beide Seiten übereinander und werden von der linken Hand gehalten.

10 Langsam mit den Händen nach unten wandern und das Laken dabei umdrehen, bis Sie an der untersten Ecke angelangt sind. Dort das Laken umdrehen, um es zu entwirren.

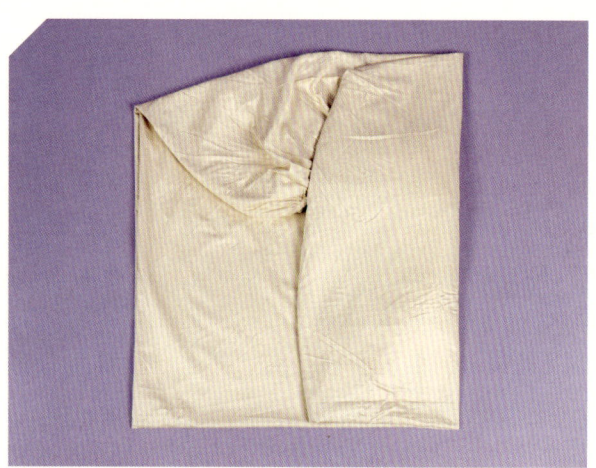

13 Die rechte Seite zur Mitte einschlagen.

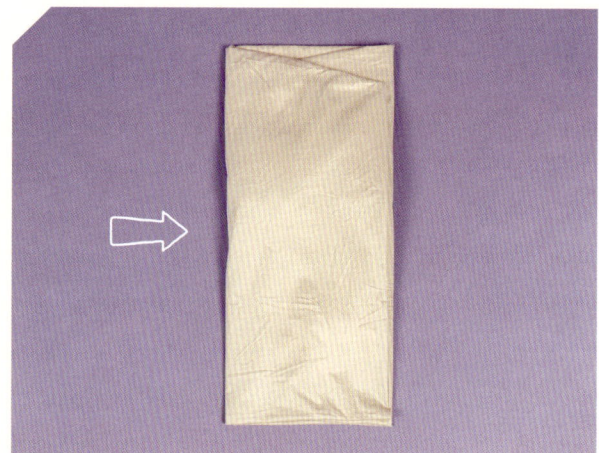

14 Die linke über die rechte Seite legen.

Tipp

Erwarten Sie nicht, dass es gleich beim ersten Mal klappt, es braucht ein bisschen Übung. Experimentieren Sie ein bisschen herum, um zu sehen, ob diese Methode zu Ihnen passt. Und falls Sie aufgeben und das Laken zusammengeknüllt in den Schrank werfen, ist das auch völlig ok.

11 Das Laken hat nun die Form von einem L.

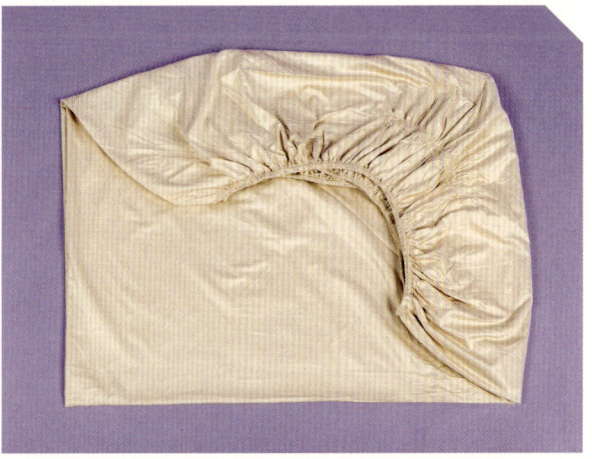

12 Das Laken auf einen glatten Untergrund legen. Es sollte jetzt in etwa die Form eines Rechtecks haben. Kanten glätten und Falten glattstreichen.

15 Den unteren Teil bis zur Mitte nach oben falten.

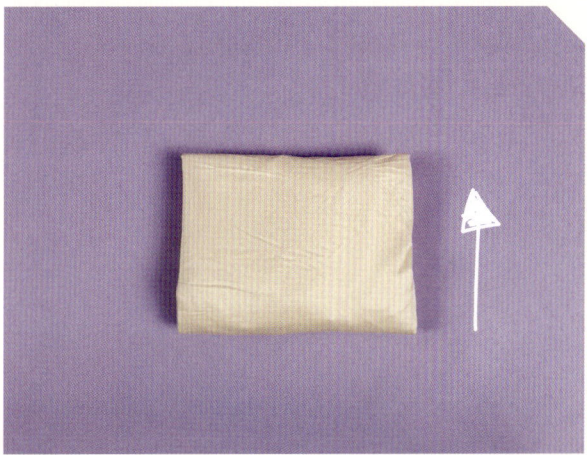

16 Den unteren Teil nochmals hochklappen, sodass er mit der oberen Kante abschließt. Mit der runden Seite nach vorne in ein Regal legen.

Bettwäsche-Set

1 Um Kissen-, Bettbezug und Spannbettlaken als Set zu falten, zunächst den jeweiligen Anleitungen für Kissenbezug (siehe Seite 198) und Spannbettlaken (siehe Seite 202) folgen, und den Bettbezug (siehe Seite 200) bis Schritt 4 falten.

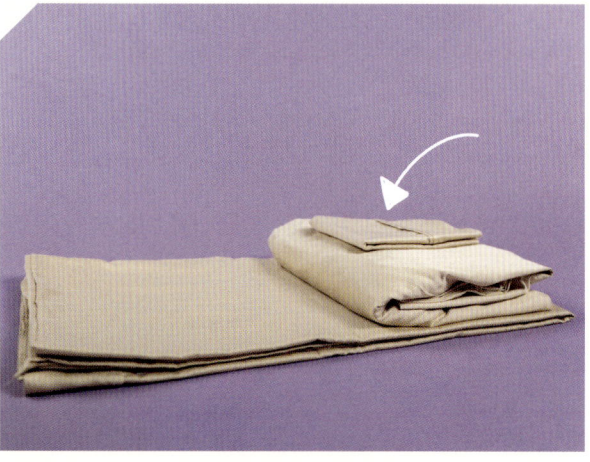

2 Kissenbezug im gefalteten Zustand auf das gefaltete Spannbettlaken legen und das Ganze auf der oberen Hälfte des Bettbezugs platzieren.

3 Den Bettbezug mittig, von unten nach oben, falten und dabei Kissenbezug sowie Spannbettlaken einschlagen. Hat der Bettbezug eine Borte, sollte diese nach oben zeigen. Das Set mit der runden Seite nach vorne in ein Regal legen.

Tipp

Bettwäsche-Sets auf diese Weise zusammenzulegen, ist ein gutes Beispiel fürs Falten „zum Mitnehmen". Das macht es für die ganze Familie einfacher, die Betten zu beziehen.

Oberbett

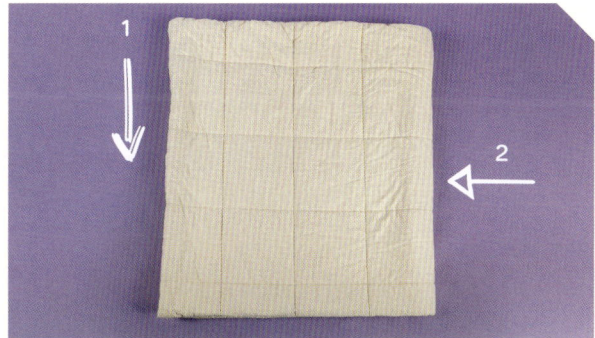

1 Das Oberbett waagerecht auf einen glatten Untergrund legen. Mittig, von oben nach unten, und anschließend mittig, von rechts nach links, falten.

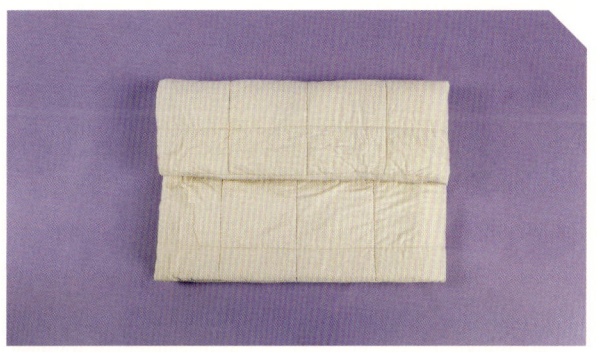

2 Den oberen Teil bis zur Mitte nach unten falten

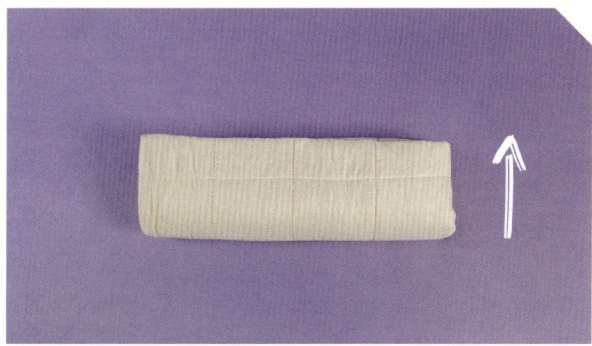

3 Den oberen Teil bis zur Mitte nach unten falten

4 In der Mitte, von rechts nach links, falten.

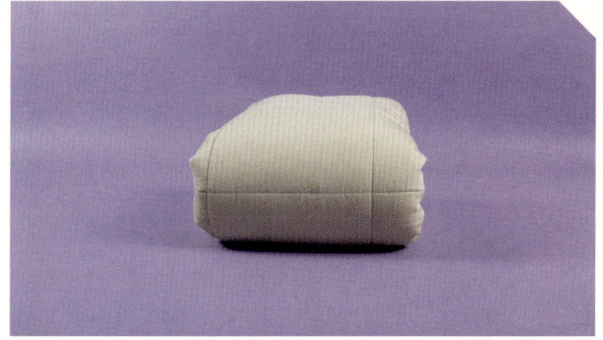

5 Hat das Oberbett eine Borte, das Ganze nochmals umdrehen, damit die Borte nach oben zeigt. Mit der runden Seite nach vorne in ein Regal legen.

Tipp
Diese Faltmethode eignet sich auch für Bettbezüge.

Überwurf

1 Den Überwurf waagerecht auf einen glatten Untergrund legen. In der Mitte, von links nach rechts, falten.

2 Den oberen Teil bis zur Mitte nach unten falten.

5 So entsteht an der linken Seite eine Art Tasche.

6 Die rechte Seite der Decke in die Tasche stecken.

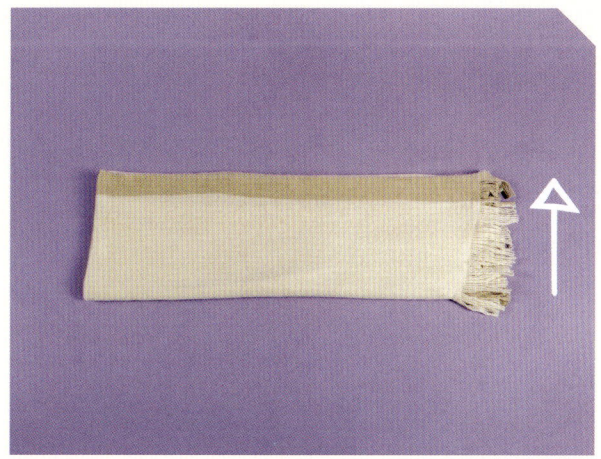

3 Den unteren Teil darüberlegen.

4 Die linke Seite bis zur Mitte einschlagen.

7 Mit der runden Seite nach vorne in ein Regal legen.

Geschirrtuch

1 Das Geschirrtuch waagerecht mit der Vorderseite auf einen glatten Untergrund legen.

2 In der Mitte, von links nach rechts, falten.

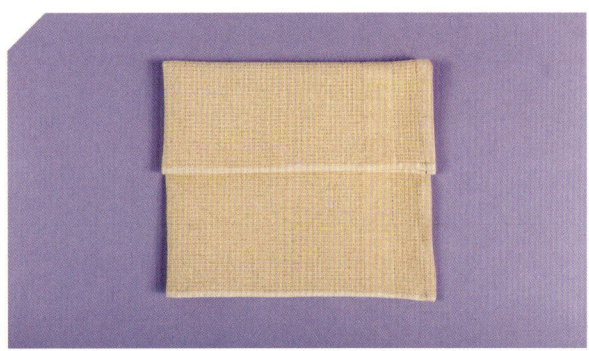

3 Den oberen Teil bis zur Mitte nach unten falten.

4 Den unteren Teil darüberlegen.

5 Die linke Seite bis zur Mitte einschlagen.

6 Die linke Seite nochmals falten, sodass sie mit der rechten Seite abschließt. Mit der runden Seite nach oben in einer Schublade verstauen.

Geschirrtuch (Variante)

1 Das Geschirrtuch waagerecht mit der Vorderseite auf einen glatten Untergrund legen.

2 Den oberen Teil bis zur Mitte nach unten falten.

3 Den unteren Teil darüberlegen.

4 In der Mitte, von links nach rechts, falten.

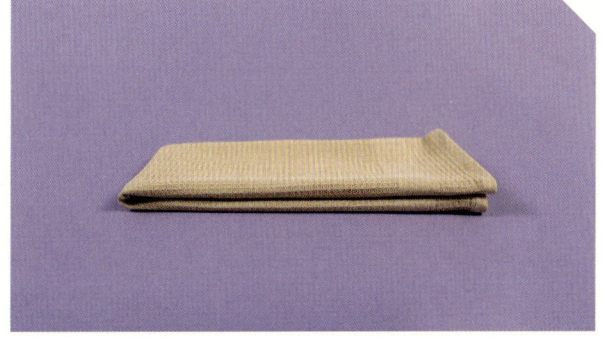

5 Das Geschirrtuch ordentlich – Kante auf Kante – falten.

Tipp

Hat das Geschirrtuch einen Aufdruck, dann sollte in Schritt 1 die Seite mit dem Aufdruck nach unten zeigen.

Tischtuch (rechteckig)

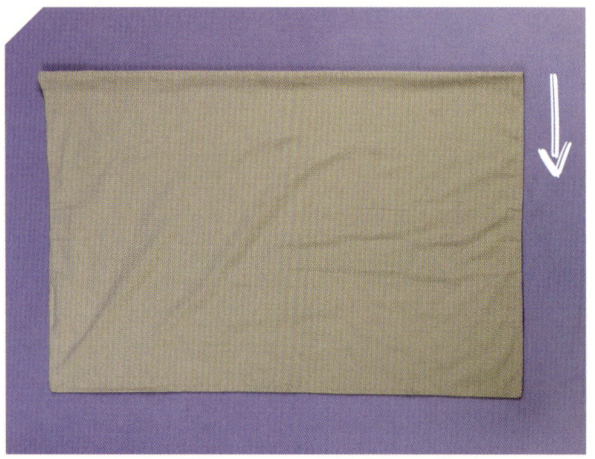

1 Das Tischtuch hochkant auf einen glatten Untergrund legen. Mittig, von oben nach unten, falten.

2 Nochmals in der Mitte, von rechts nach links, falten.

3 Den oberen Teil bis zur Mitte nach unten falten.

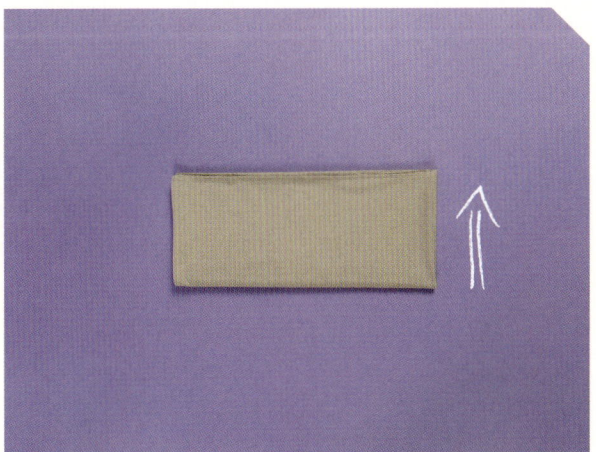

4 Den unteren Teil darüberlegen.

5 Die rechte Seite bis zur Mitte einschlagen.

6 Die linke über die rechte Seite legen. Mit der runden Seite nach vorne in ein Regal legen.

Tischtuch (rund)

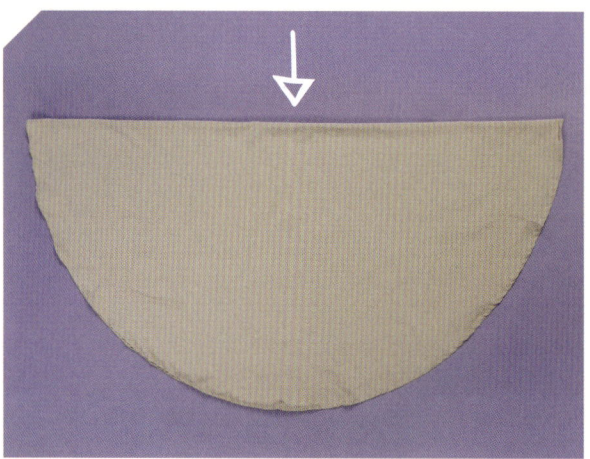

1 Das Tischtuch auf einen glatten Untergrund legen. Mittig, von oben nach unten, falten, sodass ein Halbkreis entsteht.

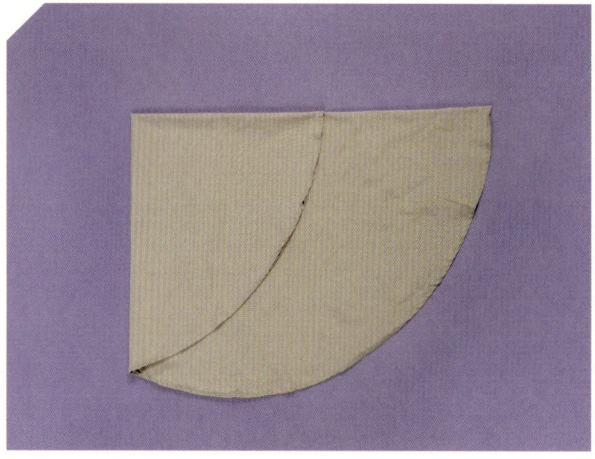

2 Die linke Seite zur Mitte einschlagen.

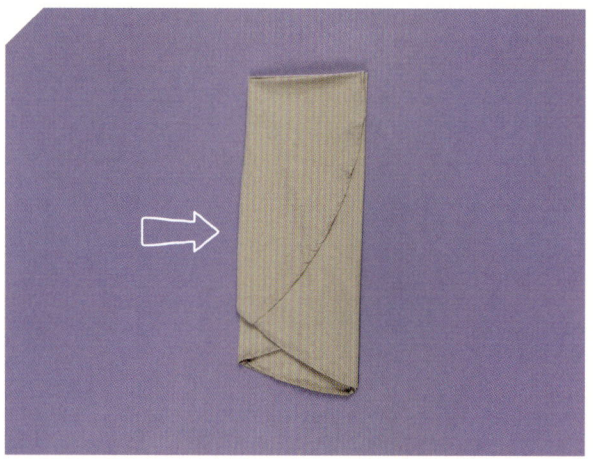

5 Das Ende, das Sie gerade nach innen gefaltet haben, wieder zurückschlagen, sodass es mit der rechten Kante abschließt.

6 Mittig, von unten nach oben, falten.

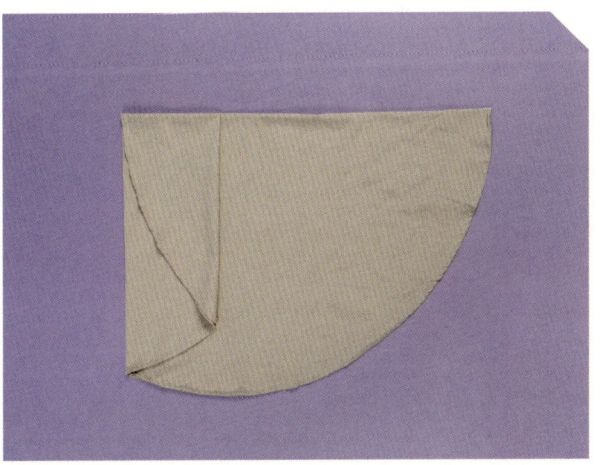

3 Das Ende, das Sie gerade nach innen gefaltet haben, wieder zurückschlagen, sodass es mit der linken Kante abschließt.

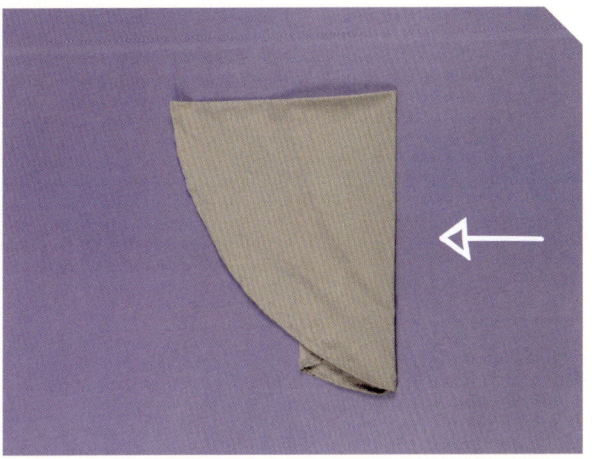

4 Die rechte über die linke Seite legen, sodass sie diese überlappt.

7 Das Ganze umdrehen und mit der runden Seite nach vorne in ein Regal legen.

Serviette

1 Die Serviette mit der Vorderseite auf einen glatten Untergrund legen.

2 In der Mitte, von rechts nach links, falten.

3 Die Seite, die Sie gerade nach innen gefaltet haben, wieder zur Hälfte zurückschlagen.

> **Tipp**
>
> *Legen Sie eine Menükarte in die Tasche und binden Sie ein Band oder eine Schleife um die Serviette. Das verleiht Ihrer nächsten Dinnerparty das gewisse Etwas.*

4 Die Serviette umdrehen.

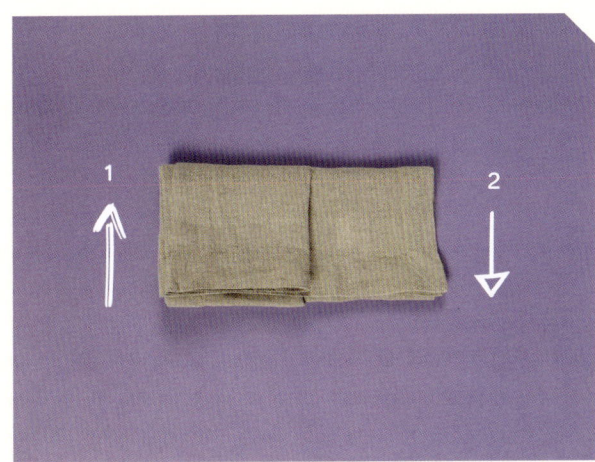

5 Den unteren Teil bis zur Mitte nach oben falten und anschließend den oberen Teil darüberlegen.

6 Umdrehen, sodass der untere Teil der Serviette mit der Öffnung nach oben zeigt. Nun können Sie in die entstandene, kleine Tasche das Besteck hineinstecken.

Schürze

1 Die Schürze mit der Vorderseite auf einen glatten Untergrund legen.

2 Den oberen Teil der Schürze nach unten falten, damit oben ein gerader Abschluss entsteht. Die Schürze sollte die Form eines Vierecks haben.

5 Den Saum bis zur Mitte nach oben falten.

6 Den unteren Teil nochmals umschlagen, sodass er mit der oberen Kante abschließt.

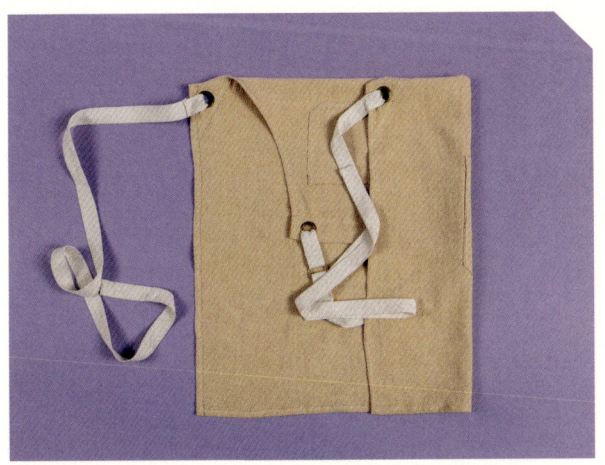

3 Die rechte Seite zur Mitte einschlagen; dabei darauf achten, dass die Bänder flach und glatt aufliegen.

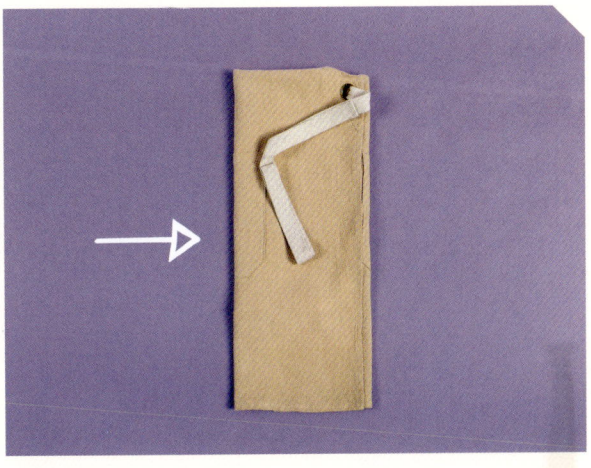

4 Die linke über die rechte Seite legen, dabei die Bänder möglichst flach drapieren.

7 Mit der runden Seite nach oben in einer Schublade verstauen.

Reisen

Packtipps
222

Packwürfel
223

Kleid
224

Jacke
226

Blazer
228

Strandkleid
230

Packtipps

Ich hasse es wirklich, Koffer zu packen, und weiß, dass es vielen Menschen genauso geht. Egal, was ich mitnehme – wenn ich am Ziel angekommen bin, will ich nichts von dem anziehen, was ich eingepackt habe. Aber dennoch bin ich richtig gut im Packen. Mag sein, dass ich nicht weiß, was ich mitnehmen soll. Doch ich weiß genau, wie ich meinen Koffer und mein Handgepäck maximal ausnutze; denn im Aufräumen und Falten bin ich Profi (und das sind Sie jetzt auch!). Was Sie einpacken sollten, kann ich Ihnen zwar nicht sagen (ich wünschte, ich könnte das!), aber ich verrate Ihnen meine Tipps fürs Kofferpacken.

Folgendes gilt es beim Packen zu beachten:

1. **Komfort:** Dies ist nicht der richtige Zeitpunkt, um etwas einzupacken, das Sie sonst nie tragen, oder um ein brandneues Teil mitzunehmen, das Sie noch gar nicht anprobiert haben.
2. **Wetter:** Nicht für die Elemente gewappnet zu sein, ist das Schlimmste, vor allem, wenn man sich gelegentlich draußen aufhält.
3. **Aktivitäten:** Checken Sie nochmal Ihren Reiseplan. Wenn Sie etwas Spezielles vorhaben, sollten Sie die entsprechenden Utensilien dabeihaben.
4. **Vielseitigkeit:** Packen Sie Kleidungsstücke ein, die sich gut miteinander kombinieren lassen! So haben Sie später mehrere, verschiedene Outfits zur Auswahl.
5. **Mehrzweck-Accessoires:** Nehmen Sie eine Tasche und Schuhe mit, die sowohl leger als auch schick gestylt werden können und die Sie somit tagsüber ebenso wie abends tragen können.

Packwürfel

Packwürfel sind vielseitig einsetzbar und das beste Mittel, um den Platz in einem Koffer, einer Reisetasche oder einem Rucksack möglichst effizient zu nutzen, erst recht, wenn man obendrein noch die Falttechnik aus diesem Buch verwendet.

Mit diesem Ordnungssystem können Sie Ihre Garderobe in Kategorien unterteilen und Ihr Gepäck puzzleartig im Koffer zusammensetzen. Wenn man online nach „Packwürfel" sucht, werden zahlreiche Ausführungen angezeigt, die sich in der Anzahl der Taschen pro Set, in Material, Farbe und Muster unterscheiden – es dürfte also für jeden etwas dabei sein.

Vielleicht müssen Sie ein bisschen recherchieren, um herauszufinden, welche Packwürfel die richtigen für Sie sind.

Kofferorganisierer lassen sich auf unterschiedliche Art und Weise nutzen. Ich selbst packe sie entweder nach Outfits oder aber nach Stimmung (z.B. sportlich, schick, Strand), wohingegen andere Leute sie eher nach Art der Kleidungsstücke packen (z.B. Oberteile, Hosen, Kleider). Weder die eine noch die andere Methode ist besser oder schlechter; Sie müssen einfach diejenige auswählen, die eher Ihren Bedürfnissen entspricht.

Kleid

1 Das Kleid mit der Rückseite auf einen glatten Untergrund legen.

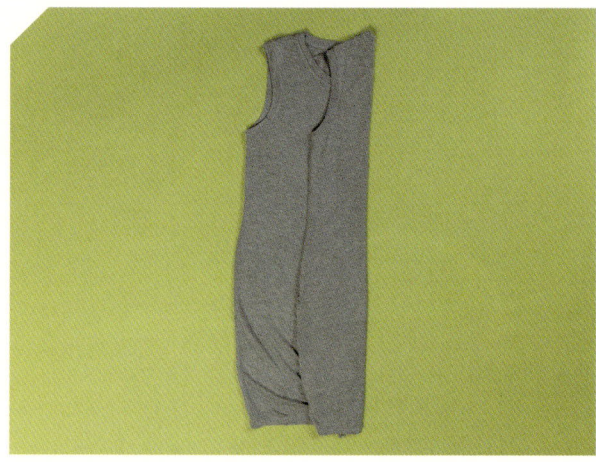

2 Die rechte Seite zur Mitte einschlagen.

5 Das Kleid um ein Viertel nach oben umschlagen.

6 Das Kleid zwei weitere Male um je ein Viertel nach oben umschlagen.

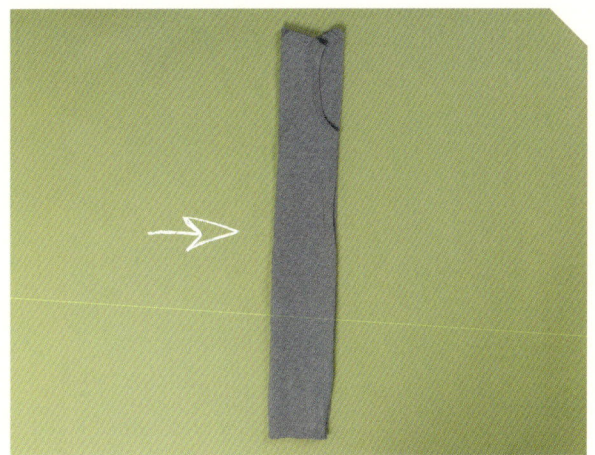

3 Die linke über die rechte Seite legen.

4 Den Saum bis kurz unterhalb des Ausschnitts nach oben falten.

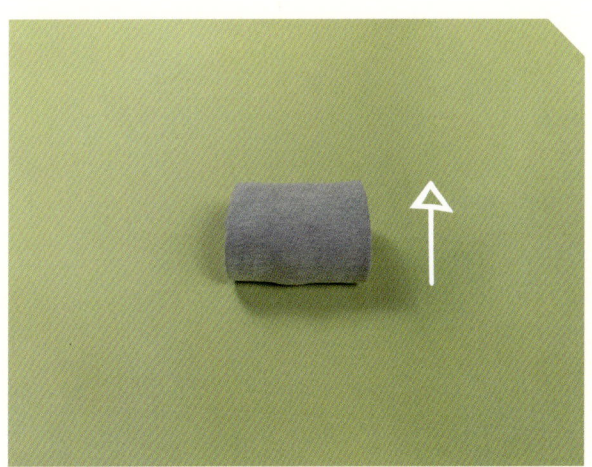

7 Das Kleid ein letztes Mal um ein Viertel umschlagen, sodass es mit dem Ausschnitt abschließt. Mit der runden Seite nach oben in einem Packwürfel verstauen. Am Ziel angekommen, das Kleid unverzüglich auf einen Bügel hängen.

Tipp

In Schritt 5 und 6 wird dieses Kleid in Viertel gefaltet; dabei bestimmt die Länge des Kleides, wie viele Faltungen nötig sind. Je länger das Kleid, desto mehr Faltungen.

Jacke

1 Die Jacke mit der Rückseite auf einen glatten Untergrund legen. Knöpfe oder Reißverschluss schließen, damit sie sich leichter falten lässt.

2 In der Mitte, von rechts nach links, falten. Dabei darauf achten, dass die Ärmel genau übereinanderliegen.

3 Nun die linke Seite wieder zur Hälfte nach rechts umschlagen.

> **Tipp**
>
> *Wie viele Faltungen in Schritt 6 benötigt werden, hängt von der Dicke der Jacke ab. Je dünner die Jacke ist, desto öfter lässt sie sich zusammenfalten.*

4 Die Ärmel zurückschlagen und auf Höhe des Ellenbogens nach unten umklappen, sodass sie mittig flach auf der Jacke aufliegen.

5 Den Saum bis kurz unterhalb des Kragens nach oben falten.

6 Mittig, von unten nach oben, falten. Mit der runden Seite nach oben in einem Packwürfel verstauen. Am Ziel angekommen, die Jacke unverzüglich auf einen Bügel hängen.

Blazer

1 Den Blazer mit der Vorderseite auf einen glatten Untergrund legen. Vorher zuknöpfen, damit er sich leichter falten lässt.

2 In der Mitte, von rechts nach links, falten. Dabei darauf achten, dass die Ärmel genau übereinanderliegen.

5 Den Saum bis zur Mitte nach oben falten.

6 Den unteren Teil nochmals umschlagen, sodass er mit dem Kragen abschließt.

3 Nun die linke Seite wieder zur Hälfte nach rechts umschlagen.

4 Die Ärmel zurückschlagen und auf Höhe des Ellenbogens nach unten umklappen, sodass sie mittig flach auf dem Blazer aufliegen.

7 Mit der runden Seite nach oben in einem Packwürfel verstauen. Am Ziel angekommen, den Blazer unverzüglich auf einen Bügel hängen.

Strandkleid

1 Das Strandkleid mit der Rückseite auf einen glatten Untergrund legen.

2 Die rechte Seite zur Mitte einschlagen.

5 Den Saum bis zur Mitte nach oben umschlagen.

6 Den unteren Teil nochmals bis zur Mitte nach oben falten.

3 Die linke über die rechte Seite legen.

4 Den oberen Teil bis zur Mitte nach unten falten.

7 Den unteren Teil ein weiteres Mal umschlagen, sodass er mit der oberen Kante abschließt.

8 Mit der runden Seite nach oben in einem Packwürfel verstauen. Am Ziel angekommen, das Strandkleid unverzüglich auf einen Bügel hängen.

Index

A
Accessoires
    Dreieckstuch 138
    Füßlinge 44
    Krawatte 92
    Lätzchen 137
    Mütze 136
    Schlafsack 146
    Sneakersocken (Basic) 45
    Sneakersocken (Kind) 185
    Socken (Baby) 135
    Spucktuch 142
    Strümpfe 46
Ärmelloser Body 102
Ärmelloser Strampler 106
Aussortieren 15

B
Baby
    Babybettlaken 148
    Badeanzug, einteilig 132
    Badeanzug, zweiteilig 129
    Badeshorts 134
    Badetuch mit Kapuze 140
    Body, ärmellos 102
    Body, kurzärmlig 104
    Dreieckstuch 138
    Hose, kurz 117
    Hose, lang 118
    Jogginganzug 126
    Jogginghose 122
    Kleid, 124
    Lätzchen 137
    Latzhose 123
    Leggins 120
    Musselin-Decke 144
    Mütze 136
    Pyjama 110
    Schlafsack 146
    Socken 135
    Spucktuch 142
    Strampler, ärmellos 106
    Strampler, kurzärmlig 108
    Sweatshirt 114
    T-Shirt 112
    Windelhose 116
Babybettlaken 148
Bademantel 196
Badeshorts
    Baby 134
    Kind 184
    Maskulin 94
Badetuch 194
Badetuch mit Kapuze 140
Badezimmer
    Badetuch 194
    Handtuch 193
    Waschlappen 192
Bandeau-Top 56
Basic
    Freizeithose/Jeans 38
    Füßlinge 44
    Hemd, kurzärmlig 25
    Hoodie 36
    Hose, schick 39, 40
    Jogginghose 42
    Langarmhemd 28
    Langarmshirt 26
    Pullover 30
    Sneakersocken 45
    Strickjacke 32
    Strümpfe 46
    Sweatshirt 34
    Tanktop 20
    T-Shirt 22, 24
Bettbezug 200
Bettwäsche
    Babybettlaken 148
    Bettbezug 200
    Bettwäsche-Set 206
    Kissenbezug 198
    Oberbett 207
    Spannbettlaken 202
    Überwurf 208
BH
    Bralette 80
    Sport-BH 82, 83
    Wattierter BH 81
Bikini
    Feminin 78
    Kind 182
Blazer 228
Body 74
Body
    Ärmellos 102
    Kurzärmlig 104
Boxershorts
    Kind 188
    Maskulin 98, 99

C
Cost-per-Wear 16
Crop-Tops
    Bauchfreies Sweatshirt 58
    Bauchfreies Tanktop 50

Crop-Top 57
T-Shirt 156, 157

D

Decken
    Musselin-Decke 144
    Oberbett 207
    Überwurf 208
Dreieckstuch 138

E

Erwachsene
    Badeanzug 76
    Badeshorts 94
    Bandeau-Top 56
    BH, wattiert 81
    Bikini 78
    Blazer 228
    Body 74
    Boxershorts (Maskulin) 98, 99
    Bralette 80
    Crop-Top 57
    Freizeithose/Jeans 38
    Füßlinge 44
    Hemd, kurzärmlig 25
    Hoodie 36
    Hose, kurz (Feminin) 60
    Hose, kurz (Maskulin) 93
    Hose, schick 39, 40
    Jacke 226
    Jogginghose 42
    Kleid 224
    Krawatte 92
    Langarmhemd 28
    Langarmshirt (Basic) 26
    Leggins 64
    Nachthemd 72
    Poloshirt 90

Pullover 30
Pyjamahose 96
Pyjama-Set 69
Radlerhose 62
Rock 66, 68
Slip 84
Sneakersocken 45
Sport-BH 82, 83
Sport-Top 54
Strandkleid 230
Strickjacke 32
Strümpfe 46
Sweatshirt 34
Sweatshirt, bauchfrei 58
Tanga 86
Tanktop 20
Tanktop, bauchfrei 50
Tanktop, weit 52
T-Shirt (Basic) 22, 24
T-Shirt (Kind) 156, 157

F

falten, In der Mitte 16
falten, In Drittel 16
Falten, Tipps
    Aussortieren 15
    Grundregeln 14
    Hängen 10
    Kommode beschriften 11
    Kommoden einräumen 11
    Technik 12–13
Feminin
    Badeanzug 76
    Bandeau-Top 56
    BH, wattiert 81
    Bikini 78
    Body 74
    Bralette 80

Crop-Top 57
Hose, kurz 60
Leggins 64
Nachthemd 72
Pyjama-Set 69
Radlerhose 62
Rock 66, 68
Slip 84
Sport-BH 82, 83
Sport-Top 54
Sweatshirt, bauchfrei 58
Tanga 86
Tanktop, bauchfrei 50
Tanktop, weit 52
T-Shirt 156, 157
Filefolding 12
Freizeithose/Jeans 38
Füße 16
Füßlinge 44

G

Geschirrtuch 210, 211
Glossar 16
Griffbereit, Definition von 16
Grundregeln 14

H

Handtücher
    Badetuch 194
    Badetuch mit Kapuze 140
    Geschirrtuch 210, 211
    Handtuch 193
Hemden
    Kurzärmliges Hemd 25
    Langarmhemd 28
Hoodies
    Basic 36
    Kind 164

Hosen
    Freizeithose/Jeans 38
    Jogginghose (Baby) 122
    Jogginghose (Basic) 42
    Lange Hose (Baby) 118
    Lange Hose (Kind) 169
    Leggins (Baby) 120
    Leggins (Feminin) 64
    Pyjamahose 96
    Schicke Hose 39, 40

J
Jacke 226
Jeans 38

K
Kapuzenpullover
    Hoodie (Basic) 36
    Hoodie (Kind) 164
Kind
    Badeanzug 180
    Badeshorts 184
    Bikini 182
    Boxershorts 188
    Hemd, kurzärmlig 158
    Hoodie 164
    Hose, kurz 168
    Hose, lang 169
    Jogginganzug 174
    Kleid 170
    Langarmshirt 160
    Poloshirt 159
    Pyjama-Set 177
    Rock 172
    Sneakersocken 185
    Sporthose, kurz 166
    Strickjacke 162
    Tanktop 154

T-Shirt 156, 157
Unterhose 186
Kissenbezug 198
Kleid
    Baby 124
    Kind 170
    Reisen 224
Kragen, Hemd mit
    Kurzärmliges Hemd 25
    Langarmhemd 28
Krawatte 92
Küche
    Geschirrtuch 210, 211
    Schürze 218
    Serviette 216
    Tischtuch 212, 214
Kurzärmliges Hemd (Kind) 158
Kurzärmliges
    Body 104
    Hemd (Kind) 158
    Hemd (Basic) 25
    Strampler 108
    T-Shirt (Basic) 22, 24
    T-Shirt (Kind) 156, 157

L
Laken
    Babybettlaken 148
    Bettbezug 200
    Bettwäsche-Set 206
    Spannbettlaken 202
Langarmhemd 28
Langärmliges
    Hoodie (Basic) 36
    Hoodie (Kind) 164
    Langarmhemd 28
    Langarmshirt (Basic) 26
    Langarmshirt (Kind) 160

Pullover 30
Strickjacke (Basic) 32
Strickjacke (Kind) 162
Sweatshirt 58
Lätzchen
    Dreieckstuch 138
    Lätzchen 137
    Spucktuch 142
Latzhose 123
Leggins
    Baby 120
    Feminin 64

M
Maskulin
    Badeshorts 94
    Boxershorts 98, 99
    Krawatte 92
    Kurze Hose 93
    Poloshirt 90
    Pyjamahose 96
Mütze 136

N
Nachthemd 72

O
Oberbett 207
Oberteile
    Bauchfreies Sweatshirt 58
    Bauchfreies Tanktop 50
    Crop-Top 57
    Hemd (Basic) 25
    Hemd (Kind) 158
    Hoodie (Basic) 36
    Hoodie (Kind) 164
    Langarmhemd 28
    Langarmshirt (Basic) 26

Langarmshirt (Kind) 160
Pullover 30
Sport-Top 54
Strickjacke (Basic) 32
Strickjacke (Kind) 162
Sweatshirt 58
Tanktop (Basic) 20
Tanktop (Kind) 154
Tanktop, bauchfrei 50
Tanktop, weit 52
T-Shirt (Basic) 22, 24
T-Shirt (Kind) 156, 157

P
Packen
  Packwürfel 223
  Packtipps 222
Poloshirts
  Kind 159
  Maskulin 90
Popoeck 16
Pullover 30
Pyjama
  Pyjama 110
  Pyjamahose 96
  Pyjama-Set (Feminin) 69
  Pyjama-Set (Kind) 177

R
Radlerhose 62
Reisen
  Blazer 228
  Jacke 226
  Kleid 224
  Packtipps 222
  Packwürfel 223
  Strandkleid 230

Rock
  Feminin 66, 68
  Kind 172

S
Schlafsack 146
Schürze 218
Schwimmsachen
  Badeanzug (Feminin) 76
  Badeanzug (Kind) 180
  Badeanzug, einteilig (Baby) 132
  Badeanzug, zweiteilig (Baby) 129
  Badeshorts (Baby) 134
  Badeshorts (Kind) 184
  Badeshorts (Maskulin) 94
  Bikini (Feminin) 78
  Bikini (Kind) 182
Serviette 216
Shorts
  Hose (Baby) 117
  Hose (Feminin) 60
  Hose (Kind) 168
  Hose (Maskulin) 93
  Radlerhose 62
  Sporthose 166
  Windelhose 116
Slip 84
Socken
  Füßlinge 44
  Sneakersocken (Basic) 45
  Sneakersocken (Kind) 185
  Socken (Baby) 135
  Strümpfe 46
Spannbettlaken 202
Sport-BH 82, 83
Sportkleidung
  Leggins 64
  Radlerhose 62

Sport-BH 82, 83
Sporthose 166
Sport-Top 54
Spucktuch 142
Strampler
  Ärmellos 106
  Kurzärmlig 108
Strandkleid 230
Strickjacke
  Basic 32
  Kind 162
Strümpfe
  Füßlinge 44
  Sneakersocken (Basic) 45
  Sneakersocken (Kind) 185
  Socken (Baby) 135
  Strümpfe 46
Sweatshirts
  Bauchfreies Sweatshirt 58
  Hoodie (Basic) 36
  Hoodie (Kind) 164
  Jogginganzug (Baby) 126
  Jogginganzug (Kind) 174
  Jogginghose (Basic) 42
  Sweatshirt (Baby) 114
  Sweatshirt (Basic) 34

T
Tanga 86
Tanktops
  Sport-Top 54
  Tanktop (Basic) 20
  Tanktop (Kind) 154
  Tanktop, bauchfrei 50
  Tanktop, weit 52
Tischwäsche
  Rechteckig 212
  Rund 214

T-Shirts
  Crop-Top 57
  Langarmshirt (Basic) 26
  Langarmshirt (Kind) 160
  T-Shirt (Baby) 112
  T-Shirt (Basic) 22, 24
  T-Shirt (Kind) 156, 157

U

Überlappung, Definition von 16
Überwurf 208
Unterwäsche
  Boxershorts (Kind) 188
  Boxershorts (Maskulin) 98, 99
  Slip 84
  Tanga 86
  Unterhose (Kind) 186

W

Waschlappen 192
Wattierter BH 81
Weißware
  Bademantel 196
  Badetuch 194
  Bettbezug 200
  Bettwäsche-Set 206
  Geschirrtuch 210, 211
  Handtuch 193
  Kissenbezug 198
  Oberbett 207
  Schürze 218
  Serviette 216
  Spannbettlaken 202
  Tischtuch 212, 214
  Überwurf 208
  Waschlappen 192
Windelhose 116

Danksagung

Nicht in meinen kühnsten Träumen hätte ich gedacht, einmal die Möglichkeit zu haben, ein Buch zu schreiben. Das war nicht nur eine extrem schwierige und bereichernde Erfahrung, sondern hat auch mein Leben verändert.

Es gibt so viele Menschen, denen ich danken muss, allen voran meinen fantastischen Eltern und meiner Schwester Danielle.

Ich danke meiner Mom, Lainie. Du bist die Beste. Du bist die Verkörperung einer starken Frau, die alles schafft. Ich kann mir nur wünschen, als Mutter wenigstens halb so gut zu sein wie du. Während des gesamten Projekts hast du mich geleitet, mich unterstützt und mich daran erinnert, dass ich die Kraft habe, alles zu erreichen, was ich mir vornehme. (Und danke, dass du am Set eine Million Kleidungsstücke geglättet hast!)

Ich danke meinem Dad, Steve, einem Unternehmer der alten Schule. Von dir habe ich gelernt, innovativ zu sein, ständig dazuzulernen und immer 200 Prozent zu geben. Wenn ich deinen Rat brauche, lässt du mich stets an deinem Wissen teilhaben und lässt mich die Dinge aus einem anderen Blickwinkel sehen. Danke für alles, was du getan hast, damit dieses Buchprojekt Wirklichkeit wird. Ohne dich hätte ich es nicht geschafft.

Ich danke meiner fantastischen kleinen Schwester, Danielle, meiner besten Freundin und Komplizin. Der Tag deiner Geburt war der schönste Tag meines Lebens, und ich bin unendlich dankbar, dass du immer an meiner Seite bist. Du hast mir geholfen, meine Firma aufzubauen, hast jeden kleinen Erfolg mit mir gefeiert und mir beigestanden, wenn mal etwas schiefging. Jeder sollte das Glück haben, eine Schwester wie dich zu haben.

Ich danke Mary Claire Roman, meiner wundervollen Fotografin und Freundin. Als ich anfing, dieses Buch zu schreiben, war mir klar, dass die Fotos ein zeitaufwändiges und schwieriges Unterfangen werden würden. Sofort rief ich dich an, denn ich wusste, du würdest meine Vision von diesem Buch wahr werden lassen. Danke für die unzähligen Stunden, die wir zusammen durchs Studio getänzelt sind; danke, dass du geduldig gewartet hast, bis ich jedes Teil makellos gefaltet hatte.

All dies wäre nicht möglich gewesen ohne meine wunderbaren Freunde, die sich wirklich reingehängt und mir in vielerlei Hinsicht geholfen haben.

Ich danke Sophie Levine, meiner treuen Weggefährtin. Ohne dich könnte ich wirklich nicht existieren. Du bist immer an meiner Seite gewesen, und unser gemeinsames Lachen erhellt jeden Tag. Danke, dass du meine Schwester und meine auserwählte Familie bist.

Ich danke Mia Marcon, die die Definition von Freundschaft ist. Du verblüffst mich immer wieder aufs Neue. Du denkst an all die kleinen Dinge, und deine Liebe ist wirklich bedingungslos.

Ich danke Isa Briones, die zu jedem Fotoshooting kam, um dafür zu sorgen, dass ich stets lächelte, gut aussah und Spaß hatte. Du bist ein wahrer Engel, der alle Erwartungen übertrifft.

Ich danke dem legendären Steve Levine, der mich in vielerlei Hinsicht geprägt hat. Du hast mir beigebracht, dass einem die großartigsten Dinge widerfahren, wenn man den Sprung wagt. Ich liebe dich unendlich.

Ich danke den starken Frauen, die nicht mehr bei mir, aber in meinem Herzen sind, Linda Levine, Sheri Goldner, Grandma Sylvia und Chana Schacher. Ich weiß, ihr alle hättet mich auf jede erdenkliche Weise unterstützt. Jede von euch hat mir etwas von sich mitgegeben und mich so zu der Person gemacht, die ich heute bin – von meinem Kleidungsstil bis hin zu meiner frechen Art.

Ich danke Ed, Liane, Everett und Spencer. Danke, dass ihr mich vor vielen Jahren in eure Familie aufgenommen und mir erlaubt habt, in eurem Haus dieses Buch zu schreiben. Ihr alle nehmt einen besonderen Platz in meinem Herzen ein, und ich bin froh, dass ich euch habe.

Ich danke dem Rest meiner Familie (hey Onkels, Tanten, Cousins und Cousinen!) und meiner weiteren Verwandtschaft (Familie Bruckner u.a. – ihr wisst, wer gemeint ist). Danke, dass ihr mich immer angefeuert habt. Ein besonderer Dank geht an Allison Langus, die zur Familie, aber auch zu meinen besten Freunden, zählt; an Ali Bruckner, die mir dabei geholfen hat, meine Firma und mein Leben zu verändern; an Chance Taylor, der wie ein Bruder für mich ist; wenn du da bist, ist das Leben einfach schöner; und an meine UCLA-Truppe, die besten Freundinnen die ein Mädchen sich wünschen kann.

Ich danke meiner Agentin, Andrianna Yeatts von ICM. Danke, dass du mich im Laufe dieses Projektes geleitet und dich in so vieler Hinsicht um mich gekümmert hast. Du hast weit mehr als nur deine Pflicht getan, und ich bin dir unendlich dankbar. Ich danke Ali Berman. Ich kann gar nicht in Worte fassen, wie viel du mir bedeutest. Du hast mir beigebracht, was es heißt, Chefin zu sein. Du hast mir geholfen und mich geleitet, ohne eine Gegenleistung zu erwarten, und ich hoffe, ich kann deine Güte an andere Frauen weitergeben.

Ich danke dem fantastischen Team von Quarto, insbesondere Rage, Erin und Laura. Ihr habt – mit so viel Hingabe und Perfektion – dafür gesorgt, dass mein Traum wahr wurde. Danke für die zahllosen Anrufe, Emails, Änderungen und für das ewige Brainstorming. Ohne euren Einfallsreichtum und eure harte Arbeit wäre das hier unmöglich gewesen.

Ein besonderer Dank geht an all meine Assistentinnen und Assistenten, insbesondere an Chet Norment. Nur mit deiner Hilfe kriege ich mein tägliches Pensum geschafft. Ohne dich wäre ich aufgeschmissen. Danke, dass du mir die Treue hältst, dass du zu all meinen verrückten Ideen Ja sagst, und dass du mitten im Projekt Pausen zum Tanzen einlegst. Du hältst dieses Unternehmen am Laufen.

Ich danke meiner wundervollen Hairstylistin, Ashley Marer, und meiner wundervollen Visagistin, Christine Adams. Dank euch habe ich mich bei den Fotoshootings immer unglaublich gut gefühlt; danke, dass ihr so fantastische Frauen seid.

Ich danke der Familie Farber. Danke, dass ich euer Haus für meine Fotoshootings nutzen durfte, und dafür, dass ihr mich in so vieler Hinsicht unterstützt habt. Ihr habt keine Mühen gescheut, um mir zu helfen, und das werde ich euch nie vergessen.

Ich danke Jay Shetty und Radhi Devlukia. Danke für eure Unterstützung, und dafür, dass ihr meine Truppe am Tag eures Umzugs ins Haus gelassen habt, damit wir dort fotografieren konnten. Ich bin euch sehr dankbar.

Ich danke all meinen fantastischen Kunden und Kundinnen. Ihr habt es mir ermöglicht, meine Leidenschaft zu meinem Beruf zu machen. Jedes Projekt, jede Person und jede Empfehlung bedeuten mir unendlich viel; und ich freue mich jeden Tag aufs Neue, meinen Traum leben zu können. Dass ihr mich in euer Zuhause – und in euer Leben – hineinlasst, ist eine große Geste, für die ich auf ewig dankbar bin.

Ich danke allen, die dieses Buch kaufen, lesen und dazu nutzen, ihr Leben positiv zu verändern. Es ist wundervoll, meine Leidenschaft mit euch allen zu teilen.

Und zu guter Letzt danke ich meinem kleinen Levi, der mir vor einigen Monaten das Herz gestohlen hat. Jeden Tag schenkst du mir Freude und bedingungslose Liebe.

Über die Autorin

Janelle Cohen unterstützt Menschen mit den unterschiedlichsten Werdegängen darin, wieder Kontrolle über ihr Zuhause – und im weiteren Sinne über ihr Leben – zu erlangen. Die Aufräumexpertin, Innenarchitektin und Unternehmerin hat aus ihrer persönlichen Leidenschaft eine erfolgreiche Geschäftsidee gemacht, mit der sie anderen hilft – wo und wann sie es am dringendsten brauchen. Zu ihren Kundinnen und Kunden zählen Berühmtheiten wie Jordyn Woods (das Ergebnis ihrer Zusammenarbeit konnte man bei MTV Cribs sehen), Emma Chamberlain, Jay Shetty und andere, darunter auch viele ganz gewöhnliche Familien, die sich in ihrem Alltag wieder etwas Magie wünschen. Janelles Arbeit wurde außerdem in zahlreichen Zeitschriften und auf verschiedenen Websites vorgestellt, darunter *People*, *Star Magazine*, *House Beautiful* und *Apartment Therapy*.

Janelle baut zu ihren Kunden und Kundinnen eine sehr enge, persönliche Beziehung auf, und betrachtet deren Wohnräume und Träume als privates Heiligtum. Häufig arbeitet Janelle immer wieder und über einen langen Zeitraum mit ihnen zusammen; jeder Fortschritt, jeder Meilenstein, an dem sie teilhatte, macht sie stolz. Dabei geht es ihr letzten Endes nicht nur darum, zu helfen, sondern auch, zu vermitteln und dauerhafte Lösungen zu finden, die man selbst nachmachen und fortführen kann. Sie möchte das Wissen und Handwerkszeug, das sie sich mit den Jahren angeeignet hat, an möglichst viele Menschen weitergeben – deshalb hat sie jene Kenntnisse, die zwar dringend benötigt, aber kaum vermittelt werden, in einfache Regeln gefasst. So inspiriert sie immer wieder Einzelpersonen und Familien rund um den Globus, sich um das eigene Zuhause zu kümmern.